环保进行时丛书

打造绿色出行的时尚

DAZAO LÜSE CHUXING DE SHISHANG

主编：张海君

花山文艺出版社

河北·石家庄

图书在版编目（CIP）数据

打造绿色出行的时尚 / 张海君主编. —石家庄：花山文艺出版社，2013.4（2022.3重印）

（环保进行时丛书）

ISBN 978-7-5511-0943-7

Ⅰ.①打… Ⅱ.①张… Ⅲ.①交通运输－节能－青年读物②交通运输－节能－少年读物 Ⅳ.①U-49

中国版本图书馆CIP数据核字(2013)第081312号

丛 书 名：环保进行时丛书
书 　 名：打造绿色出行的时尚
主 　 编：张海君
责任编辑：贺　进
封面设计：慧敏书装
美术编辑：胡彤亮
出版发行：花山文艺出版社（邮政编码：050061）
　　　　　（河北省石家庄市友谊北大街 330号）
销售热线：0311-88643221
传　　真：0311-88643234
印　　刷：北京一鑫印务有限责任公司
经　　销：新华书店
开　　本：880×1230　1/16
印　　张：10
字　　数：160千字
版　　次：2013年5月第1版
　　　　　2022年3月第2次印刷
书　　号：ISBN 978-7-5511-0943-7
定　　价：38.00元

（版权所有　翻印必究·印装有误　负责调换）

目 录

第一章 汽车要低碳，设计要节能

一、"喝石油"的汽车 …………………………………… 003

二、谁影响着运输能耗 …………………………………… 004

三、公路运输节能有对策 ………………………………… 006

四、路面径流水污染如何控制 …………………………… 007

五、控制噪声污染，让交通更绿色 ……………………… 009

六、高架道路交通的噪声 ………………………………… 012

七、走近低噪声路面 ……………………………………… 016

八、汽车的可替代能源有哪些 …………………………… 019

九、小小绿化带，防治大气污染作用大 ………………… 021

第二章 铁路交通要低碳

一、铁路对环境有哪些影响 ……………………………… 025

二、铁路工程建设的环境保护措施有哪些 …………… 029

三、铁路运输污染具体有哪些方面 ………………… 032

四、铁路运输环境污染防治措施有哪些 …………… 034

五、内燃机废气排放与噪声污染的降低方法 ……… 035

六、列车洁净与旅客废弃物处理的方法 …………… 038

第三章 航空飞行要低碳

一、飞机也要谈节油 ………………………………… 043

二、机场对水环境的污染及措施 …………………… 047

三、机场对空气的污染及措施 ……………………… 048

四、机场附近生态环境的保护 ……………………… 050

五、飞机的噪声污染及措施 ………………………… 052

第四章 水上交通的低碳

一、走近水路运输 …………………………………… 059

二、水上漂,危害"飘" ……………………………… 060

三、水运对环境的影响 ……………………………… 064

四、水运节能——亟待破解的难题 ………………… 068

五、低碳交通,节能水运 …………………………… 071

六、水运污水的处理 ………………………………… 073

七、港口码头的防尘技术 …………………………………… 081

八、怎样来解决水运噪声 …………………………………… 085

第五章　交通节能就是低碳

一、交通行业节能减排措施与技术 ………………………… 091

二、汽车节能技术 …………………………………………… 093

三、汽车驾驶节能 …………………………………………… 095

四、船舶节能有技巧 ………………………………………… 099

五、船舶营运管理应节能 …………………………………… 103

六、电力机车节能技术 ……………………………………… 107

七、机车操作节能 …………………………………………… 109

八、港口行业节能减排措施与技术 ………………………… 111

九、会思考的交通 …………………………………………… 117

第六章　低碳交通，新能源引领新未来

一、新能源的开发 …………………………………………… 125

二、太阳能 …………………………………………………… 126

三、生物质能 ………………………………………………… 129

四、核能 ……………………………………………………… 131

五、海洋能源 ………………………………………………… 133

六、风能 ……………………………………………… 137

七、地热能 …………………………………………… 139

八、新能源、新交通、新未来 ……………………… 142

九、流着"绿色血液"的汽车 ……………………… 145

十、探索还在继续 …………………………………… 151

第一章

汽车要低碳，设计要节能

一、"喝石油"的汽车

公路交通运输的主要能源是石油，石油是公路交通运输持续发展的原动力，是重要的战略资源。公路交通运输系统中的能耗主要源于公路车辆，可分为直接能耗和间接能耗，直接能耗主要是用于驱动车辆的那部分，间接能耗是指维护运营交通运输系统所需要的能源，主要包括维修运输车辆与养护道路所需要的能源。

从总体上讲，目前我国能源消费总量约为美国的1/3，占世界能源消费总量的1/10，居世界第二位，但我国煤炭、石油、天然气的人均储量均低于世界的人均水平，特别是石油只占世界人均水平的11.1%。随着近年来我国经济的持续发展，能源供给和能源安全问题已经显现，这无疑会直接影响我国公路交通运输业的发展。

从各种能源的储量来看，我国石油资源明显不足。据石油部门分析，目前我国石油可采储量为33亿吨，近几年年产量维持在1.6亿吨左右，石油产量的高峰出现在2010～2020年，最高产量为2亿吨。以后逐年下降，到2030年维持在1亿吨水

"喝石油"的汽车

平。从世界范围看，世界剩余石油1400亿吨，未来50年石油仍将是重要战略资源，目前年产量32亿吨，估计从现在和2020年将达到35亿～39亿吨。

从1993年我国成为石油净进口国以来，我国石油进口量呈逐年递增趋势。到2004年，进口达到1.2亿吨，这是我国原油年进口首次超过亿吨，

占世界石油总量的3%，对外依存度上升到40%。在我国交通运输能源消耗中，石油占70%，电能占20%，其余部分为天然气、乙醇等。单就公路交通运输的能源消耗而言，几乎全部为石油能源，已经成为我国石油能耗的大户之一。

2000年，我国公路交通运输能源消耗量4800多万吨，占我国石油年产量的30%左右，比1999年增长7.18%，大大超过了过去10年我国每年平均能源消费2.6%的增长速度。在能源消耗中汽油和柴油分别为3521万吨和1286万吨，分别占我国汽油和柴油消耗量的85%和20.4%。显然，我国公路交通运输的能源消耗与公路货运量呈同步增长态势，表明公路交通运输与石油能源密切相关，在我国石油资源有限的情况下，随着我国石油对国际市场的依赖性不断增强，我国的公路交通运输业的能源消耗也越来越多地依赖于国际市场。

随着科技的进步，运输能耗进一步增加，公路交通运输业可持续发展的能力日趋脆弱，石油越来越成为公路交通运输业的重要约束。据专家预测，到2020年中国石油需求量将达到4亿多吨，而中国的石油产量只有1.6亿~1.7亿吨左右，届时中国将有2.4亿吨的石油缺口。降低运输能耗将始终是我们关注的重点。

二、谁影响着运输能耗

影响汽车运输油耗的因素很多，主要包括以下几个方面。

1. **公路条件**　公路条件是指公路的几何条件和路面特性，如纵坡、路面平整度。一般对于纵坡大、路面平整度差的公路，以相同的汽车完成同样的运量要比纵坡小、平整度好的公路消耗更多的燃料，从这个意义上说，高等级公路运输比低等级公路运输节能，即能源利用率会因公路等级的提高而提高。目前中国高速公路的平均时速可达到80~100公里，车辆

公路条件影响运输能耗

的油耗要比普通公路节约20%以上，公路设施水平对汽车能耗起着非常重要的作用。但是，高等级公路能够刺激或促进车辆的运行，使运量加大，所以总体能耗仍在加大。

2. 车辆特性 车辆特性是指车辆的物理特性和运行特性。车辆的技术状况是影响油耗的主要因素。我国汽车技术状况与发达国家相比还比较落后，汽车能源消耗水平与国外发达国家存在着相当大的差距。在汽车技术性能方面，如果将相同或相近车型进行燃油效率比较，我国汽车每百公里平均油耗比发达国家高20%以上，资源利用效率较低，如机动车百公里油耗比欧洲高25%，比日本高20%，比美国高10%；载货汽车百吨公里油耗比国外先进水平高一倍以上。

近年来，我国公路交通运输车辆的单耗基本上趋于一个稳定的水平，2001年汽油客车为12.0升／（千人/公里），柴油客车为8.0升／（千人/公里）；汽油货车为8.0升／（百吨/公里），柴油货车为6.0升／（百吨/公里）。但美国20世纪80年代初，大型汽车运输企业的每百吨公里油耗仅为3.4升。显然我国公路运输蕴含着巨大的节能潜力。

对于公路运输车辆，柴油车的节能效果比汽油车大，主要体现在热效率高、油耗低、能量利用率高等方面，但我国柴油机技术落后、噪声很大、黑烟滚滚，对环境污染严重。

3. **交通流条件** 交通量大小和交通构成是影响车速的重要因素，通常交通量大的混合交通要比交通量小的非混合交通条件下，车辆的能耗要大。我国普通公路上，混合交通严重，车辆平均行驶速度一般只有20～30公里/小时，为非经济车速，此时油耗较高。

4. **其他因素** 驾驶员的操作水平、交通管制等也是影响公路运输能耗的重要因素。研究表明，不同操作水平的驾驶员驾驶车辆油耗相差达7%～25%；车辆平均吨位每提高1吨，车辆的单耗就可降低6%；拖挂车运输比单车运输平均降低油耗30%左右；车辆的里程利用率提高1%可使汽车油耗降低3%等。因此，提高汽车使用水平，将是道路运输节能的一个重大突破口。

三、公路运输节能有对策

要从根本上解决能源制约，满足因经济发展而导致的日趋增长的公路运输需求，在大力发展新能源、尤其是可再生能源的同时，还要坚持节约优先，走一条低能耗的发展之路，建设节能型的交通运输业。

1. **改善交通条件** 改善交通条件包括提高公路等级，提高路面铺装率；改进交通信号，建立单行线网络，拓宽交叉路口，平交路口改立交路口，高速公路监控，尽可能减少堵车，缩短车辆在路上的等待时间等，可以降低车辆运营过程中的能源消耗。

改善公路条件

改进路面结构及材

料，减少道路养护中的能源消耗。道路养护的能源消耗依照道路等级与路面类型而定，高等级公路年度能耗比低等级公路要高，沥青混凝土路面年度能耗比水泥混凝土路面要高。

2. 改进运输车辆 包括改善发动机的燃料经济性、减轻车辆自重、减少行驶阻力（子午线轮胎、流线型车身等），改进变速箱和传动系。

3. 利用替代燃料 加强汽车替代燃料的研究应用工作，摆脱汽车对石油的完全依赖，如开发使用液化石油气汽车、压缩天然气汽车；用乙醇、裂解油、碱性植物油等生物质液体清洁燃料直接代替汽油、柴油等动力燃料；在汽油中加入10%的酒精，可提高汽车的辛烷值，改善内燃机效率。总之加强科技开发，积极使用其他替代能源是节能的重要途径。

4. 适当发展柴油车 柴油车的燃烧效率要高于汽油车，一辆2吨重的轿车，柴油车的燃烧效率要比汽油车高20%。由于柴油车的经济性明显高于汽油车，在整个欧洲，柴油车在新车市场上的占有率从1997年的22%上升到了2000年32%；在日本，柴油车占了社会保有量的14%。随着我国私人拥有轿车的不断增加，从节约能源角度出发，应当适当发展柴油轿车。

5. 发展公共交通 不同客运方式之间的能源单耗水平相差很大，铁路和公共汽车都要远低于轿车，它们的能耗比是，铁路：公共汽车：汽车=1：3：20，因此发展社会公共交通是节约能源消费的一个重要途径。

6. 加强交通管理 发展改善公共交通服务，包括公共交通专用车道，公交线路优化；改进运输组织、加强运输管理，通过车辆购置费、注册费、燃油税、停车费、过路过桥费等对车辆购买及使用加以适当调节，鼓励人们选择节能的交通方式出行。

四、路面径流水污染如何控制

一般说来，公路路面径流不会对水体和土壤造成大面积的污染。但当

过水路面

公路距自然保护区、水源保护地、水产养殖区或对水质有特殊要求的水体较接近时，应考虑路面径流对水环境的污染。路面排水不能直接排入这些水体，必要时可在路边设置沉淀池（或渗滤池）进行沉淀处理或渗入地下，或利用天然洼地、池塘、湿地等收集处理路面径流。路面径流水中污染物以无机固体颗粒为主，可生物降解性小，其处理应以物理法处理为主。

路面径流水污染属于面源污染的范畴，现在世界各国采用的控制方法主要有植被控制、湿式滞留池、渗滤系统和湿地系统四种。

1. 植被控制 植被控制是一种利用地表密植的植物对地表径流中的污染物进行截流的方法，它能够在地表径流输送的过程中将污染物从径流中分离出来，使到达受纳水体的径流水质获得明显的改善，从而达到保护受纳水体的目的。地表的植被不但有助于减小径流的流速，提高沉淀效率，过滤悬浮固体，提高土壤的渗透性，而且能够减轻地表径流对土壤的侵蚀，是一种有效的径流污染控制方法。

植被控制包括植草渠道和漫流两种。地表植被去除污染物的机理为吸附、沉淀、过滤和生物吸收等过程，植被覆盖地表面积大小会影响污染物去除的效率及下渗量。植被控制中最常用的植物是草。

2. 湿式滞留池 湿式滞留池是去除地表径流污染最适用有效的方法之一。湿式滞留地的效率取决于滞留池的规模、流域面积、暴雨特征等。水在滞留池中的停留时间是影响去除效率的关键因素。

湿式滞留池颗粒污染物的基本机理是沉淀，但一些滞留池对一些可溶性营养物质也有很好的去除效率，如可溶性磷、硝酸盐及亚硝酸盐等，其机理可能是由于湿式滞留池中的生物作用。

3. 渗滤系统 渗滤系统是使地表径流雨水暂时存储起来，并逐渐渗透到地下的一种暴雨径流控制方式。渗滤系统通常包括渗坑（或池）、渗渠及渗井。在我国，渗滤系统主要用于暴雨径流量的控制及地下水的补充，同时起到对径流水中污染物去除的功效。

设计良好的渗滤系统对路面径流中的污染物有很好的去除作用，采用渗滤系统应注意以下几点：

（1）土壤或下层土壤有良好的可渗透性；
（2）地下水位低于渗滤系统最低点至少3m；
（3）入流水中的悬浮固体含量较小；
（4）渗滤过程中有足够的存储空间存储地表径流。

4. 湿地系统 湿地是一种复杂的生态系统，通常出现在陆地与水体的交界处。其特征是：植物生长茂盛，对营养的需求量大，分解速率高，沉积物及生化基质的氧含量低，生化基质具有较大的吸附表面。湿地处理系统可分为人工湿地和天然湿地。

湿地处理系统是一种控制地表径流污染的措施，它可以同化流水中大量的悬浮物或溶解物质。去除污染物的主要机理是沉淀、截流和植物吸附。不同的地理位置、气候、水力参数及湿地类型都会大大影响污染物的去除效率，在有些地方湿地处理并不可行。

 五、控制噪声污染，让交通更绿色

机动车辆在道路上行驶辐射的噪声（即行驶噪声），主要由动力噪声和轮胎噪声两部分构成。

车辆动力噪声（又称驱动噪声）主要指动力系统辐射的噪声。发动机

吸声板

系统是主要噪声源，包括进气噪声、排气噪声、冷却风扇噪声、燃烧噪声及传动机械噪声等。

动力噪声的强度主要取决于发动机的转速，与车速有直接关系，噪声强度随车速的增大而增强。此外，车辆爬坡时，随着路面纵坡的加大，动力噪声也增大。

轮胎噪声是指轮胎与路面的接触噪声，又称轮胎路面噪声，由轮胎直接辐射的噪声和由轮胎激振车体振动产生的噪声构成。轮胎直接辐射的噪声，按其机理主要包括轮胎表面花纹噪声（空气泵噪声）和轮体振动噪声，还有在急转弯和紧急制动时与路面作用下产生自激振动噪声等。轮胎噪声的大小与轮胎花纹构造、路面特性（材料构造、路面纹理）及车速有关，且主要取决于车速，其强度随车速的增大而增加。

行驶噪声强度的影响因素有哪些？

1. 路面材料　小型车在刚性路面上的噪声级比相同车速下的柔性路面上约大于3分贝，原因是小型车在刚性路面上的轮胎噪声比柔性路面上要大得多；中型车和大型车在刚、柔两种路面上的行驶噪声级基本相同，在相同车速下刚性路面上的噪声级比柔性路面上的高出1分贝左右。

2. 路面粗糙度　路面粗糙度对小型车的行驶噪声有明显影响，这主要是由轮胎噪声引起的。对于小型车的行驶噪声需按相关规定进行修正。路面粗糙度对于中型、大型车的行驶噪声影响不明显。

3. 路面平整度　测试结果表明，路面平整度对车辆行驶噪声强度基本无影响。但路面严重破损或砂石路面，会因车体振动而使噪声强度增加。

4. 载重量 载重量对汽油车（小型车）的噪声影响不大，使中型货车的噪声级稍有增加，大型货车载重时的噪声级比空载时增加约3分贝。

5. 路面纵坡 路面纵坡对小型车的行驶噪声无明显影响。载重卡车因上坡时发动机转速的增加，增大了动力噪声，会使行驶噪声明显增强。

噪声控制的一般步骤有哪些？

（1）调查噪声源现状，测定噪声级；对新建公路进行环境噪声预测。

（2）确定噪声标准，根据使用要求与噪声现状，确定可能达到的噪声标准及所需降低的噪声级。

（3）选择控制措施方案，通过必要的设计与计算（有时需进行实验），同时考虑其技术、经济的可行性，确定控制方案。根据实际情况，可以是一种措施，也可以是多种措施的结合。

道路交通噪声污染的控制措施有哪些？

1. 噪声控制法规 我国发布了一系列噪声污染防治法律及规范，为我国噪声污染控制提供了法律保障与行政依据。《中华人民共和国环境噪声污染防治条例》是实施噪声控制的根本法律，据此，我国颁布了一系列噪声标准和噪声控制的规定等，如对车辆噪声实行年检和车辆出厂检验。

此外，多数城市实行市区禁鸣或夜间禁鸣、禁止卡车进入市区、车辆限速等规定，对降低城市环境噪声有较大的作用。

禁止鸣号

美国、日本等国家还制定了道路交通噪声标准,用来控制道路沿线两侧不同区域的允许噪声级,对道路建设的声环境保护从法律上作了规定。

2.公路规划设计 合理的道路规划对噪声控制具有战略意义。为了控制公路交通噪声,公路路线规划设计时应考虑以下问题。

(1)避让环境噪声敏感点。公路干线应避免穿越城市和乡镇的中心区,并尽可能避免学校、医院、城镇居民住宅区和规模较大的农村村庄等环境敏感点。

(2)控制路线距环境敏感点的距离。公路选线除应保证行车安全、舒适、快捷、建设工程量小等原则外,还应根据环境噪声允许标准控制路线距环境敏感点的距离,最大限度地避免公路交通噪声扰民。

(3)合理利用障碍物对噪声传播的附加衰减。噪声传播途中遇到声障,会对声波反射、吸收和绕射而产生附加衰减。

3.区域建设规划

(1)控制建筑红线;

(2)合理布置建筑;

(3)设绿化带等缓冲区。

4.改善城市道路 改善城市道路,使快、慢车和行人各行其道,不仅改善了行车条件,而且使道路交通噪声有所降低。

六、高架道路交通的噪声

高架道路交通噪声的特点研究及其噪声控制,引起了人们的普遍关注。高架道路交通噪声与一般的道路交通噪声相比明显不同,具有其自有的特点。

高架道路系统两侧的噪声污染,明显高于平面道路系统的噪声污染。分析其原因,除声源位置抬高、噪声扩散面增大外,由于高架道路比较通畅，所以车流量普遍较大，车速比普通拥挤道路也相对较高，所以噪声声级相对较高。

在用地紧张的城市，高架道路边往往林立高层建筑，这时在高架道路的环境中，不但能听到噪声的直达声，还能听到一次或多次反射声。高架道路

高架桥减噪

系统下，多数还有地面交通，地面交通噪声影响仍然存在。高架道路交通噪声，实际上是一个空中噪声、地面噪声及其反射声的综合噪声。所以它的噪声污染比较大，其原因不难理解。

高架道路的高度一般都在8～10米左右，高架道路的交通噪声对高架道路周围建筑物的影响，除取决于建筑物距离高架道路的远近外，与建筑物的高度也有关系，对建筑物四层以下的噪声影响较小，对四层以上的噪声影响较大，受影响较大的位置是建筑物的中间位置和较高位置。分析其原因，主要是因为高架道路的刚性路面，对下方实际上起着隔声屏障的作用。当然，高架道路桥下，如果还有平面交通道路系统的话，道路周围建筑物则实际受到的是两种交通噪声的综合影响。

高架道路由于声源位置高，局部噪声向空中发散，另外高架道路周围高低参差的建筑物对噪声声波也形成障碍，所以高架道路交通噪声的衰减量与平面交通道路系统不同，不满足点声源的距离每增加一倍声级减少6分贝的规律；也不满足线声源的距离每增加一倍声级减少3分贝的规律。根据环境监测总站对北京、南京和青岛等城市的四座高架道路桥的交通噪声影响测量，结果分析表明，距离每增加一倍的衰减量介于6～9分贝之间。虽然该结果限于条件在地面测量所得，但也能说明高架道路桥交通噪声随距离变化的衰减量要明显大于点声源和线声源的衰减量。

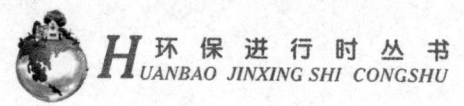

作为交通噪声污染的一个突出方面,高架道路交通噪声污染问题已成为制约高架道路发展的因素之一,对高架道路交通噪声的控制势在必行。

高架道路交通噪声的控制,与一般交通噪声的控制相比,既有相同之处,也有其自身的特点。对高架道路交通噪声的控制,应根据其特点因地制宜,权衡切实可行的方案进行。

1. 高架道路的合理规划和优化选址 对高架道路交通噪声的控制,其中首要应考虑的是,对高架道路的合理规划和优化选址。在高架道路的规划和选址时,不能单纯强调用地需求及经济原因,应将高架道路交通未来的噪声影响作为重要参考依据,同时结合城市的近期规划和中、远期的发展综合考虑。高架道路的建设,应注意使高架道路和周边建筑物保持足够的距离,尽量避开现有的和规划确定的如集中居民区、医院、学校和科研院所等噪声敏感区域。以往的历史经验表明,从规划和选址阶段来控制未来高架道路交通噪声的污染,不但有效而且经济合理。

2. 道路交通噪声声源的噪声控制 与一般交通噪声的控制相同,车辆噪声降低是控制高架道路交通噪声的根本途径。交通噪声是由行驶中的机动车辆所产生的,所以控制交通噪声应先考虑的是,尽量降低声源即车辆的噪声辐射。除对出厂车辆噪声的严格要求之外,对行驶车辆的车况、消声器的装备以及车辆鸣笛都要有具体要求,以求车辆声源噪声的降低。

保持良好的路面条件,采用低噪声路面材料,也是控制交通噪声污染的有效途径之一。路面条件的好坏会在一定程度上影响到车辆噪声辐射水平。具体来说,路面的平整度直接影响到车体的振动程度,也就影响到车辆噪声的水平。在高架道路中无论从行车安全和行车速度的角度;还是从噪声控制的角度,都要求具有良好的路面条件。另外,高架道路多为汽车专用道,车速较高,而车速达到一定速度时,作为行车噪声的声源之一的,轮胎与路面的摩擦噪声就会增大。采用低噪声轮胎和发展低噪声路面是解决该问题的方向,而采用低噪声路面材料铺设的道路路面,能降低轮胎和路面的摩擦噪声2～3分贝。

3. 道路声屏障控制交通噪声 从切断噪声传播途径上来控制噪声污

染，是噪声控制领域一项常用的、行之有效的噪声控制方法。对于高架道路交通噪声，在噪声敏感地区高架道路的一侧或两侧设置声屏障，能有效阻隔车辆行驶噪声向周围环境辐射噪声，从而保护高架道路周围的居民不受或少受噪声污染。

道路声屏障

常用隔声屏障从结构形式上分类有以下4种。

（1）单侧直板式，它主要用于保护道路、高架桥一侧的居民点和学校等噪声敏感区。保护面积与隔声屏障的高度和长度有关，通常其实际隔声量为3~10分贝左右。

（2）双侧直板式，它主要用于保护道路、高架桥两侧的居民点和学校等噪声敏感区。为防止道路两侧建立声屏障后，道路发生的交通噪声混响，并提高隔声屏障的隔声效果，在屏障内侧往往加设吸声结构。

（3）带折檐式（包括半圆弧形、半封闭式），其屏障内侧加衬吸声结构，隔声效果好，保护范围比直板式的大。

（4）全封闭式，多用于向空间发展的居民区中，穿越高层建筑群的道路上。隔声效果高，隔声量可达30分贝左右。其保护面积覆盖相对最大。

高架道路声屏障的选用应根据现场所要求的隔声量、声源的噪声频谱特性、使用的气候条件以及与周围环境的协调性和投资额度等综合因素来权衡考虑。

4. 以建筑围护控制道路交通噪声对室内的影响 对先有高架道路、后建高层建筑的，应从该建筑的规划和设计阶段就注意交通噪声的影响，在建筑规划时使该建筑尽可能与高架道路保持相当距离，在对交通噪声不可避免的情况下，在建筑设计时，考虑调整朝向高架道路的居室功能，尽可能将卧室、书房等需要安静的房间，设计安排在背向或远离高架道路的一面。必要时，可将封闭阳台或走廊等共用附属部分，设计安排在朝向或靠近高架道路的一面。以避免或减轻高架道路交通噪声的影响。

对先建成高层建筑、后建高架道路的，可采取对朝向高架道路的要求安静的居室，采用设置隔声门窗的办法来减轻高架道路交通噪声的影响。采用质量较好的塑钢隔声窗，推拉窗一般隔声量可达30分贝左右，平开窗的隔声量则可达35分贝左右。对受高架道路交通噪声污染严重的住户，可以考虑安装隔声量更高的双层隔声窗，同时对房间的门扇隔声加以改进，基本上可以解决室内的噪声问题。

七、走近低噪声路面

20世纪80年代起欧洲的荷兰、比利时、德国、法国等国，开始研究并采用低噪声路面，以降低车辆的轮胎噪声。

由于低噪声路面与其他降噪措施（如声屏障）相比，具有经济合理、保持环境原有风貌、降噪效果好和行车安全等优点，目前国际上发达国家已广泛展开应用研究。

低噪声路面的效益有哪些？

1. **低交通噪声源** 轮胎噪声是交通噪声中不可忽视的噪声源，当车速大于50km/h时，它起着举足轻重的作用。又因轮胎噪声的频率较高，夜间它是干扰人们睡眠的主要"凶手"（除鸣笛等突发噪声外）。据原联邦德国的研究，用改

轮胎噪声

进汽车轮胎的方法来降低轮胎噪声源是十分有限的,仅可降噪约1分贝。因此,从噪声防治角度,铺筑低噪声路面降低交通噪声源无疑是有效的措施。

2. 可能的降噪量　从欧洲一些国家铺筑的开级配多孔隙沥青路面试验路段测得的结果,较传统的密级配路面降低噪声3~6分贝,雨天可降低约8分贝。试验路面层的孔隙率大多为20%左右,德国卡尔斯鲁厄工业大学正在研究是否可再加大孔隙率进一步降低噪声。

3. 耐久性和可靠性　荷兰、法国等试验路表明,多孔隙沥青路面在使用多年后(如法国使用6年)测试,其透水性和附着性仍令人满意,对抗车辙、疲劳、老化等都表现出很好的耐久性。

4. 经济和使用分析　欧洲、美国、日本等地区和国家的试验路表明,采用多孔隙沥青混合料面层的低噪声路面比普通沥青混凝土路面的造价略高。因此,在道路交通噪声干扰人们正常生活的地方修筑低噪声路面才是有意义的,也符合经济原则。其使用价值表现在:

(1)在城市人口密集区、特殊安静区等地使用,既可保护生态环境,又可保持环境风貌,建成的试验路已受到当地民众的欢迎;

(2)可以取消声屏障,至少可以降低屏障高度,从而美化环境,减少造价;

(3)可以降低行车道内的噪声,从而降低车内噪声,增加了司乘人员的舒适性。

什么是多孔隙沥青路面?

多孔隙沥青路面分单层多孔隙沥青混合料面层路面和超厚多层孔隙沥青混合料面层路面两种。

1. 单层多孔隙沥青混合料面层路面　该路面的构造是在普通密级配的沥青混凝土路面上,

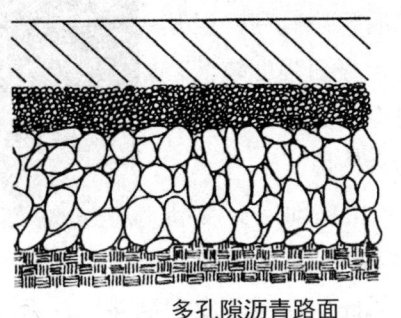

多孔隙沥青路面

再铺筑一层开级配多孔隙沥青混合料面层。有调查表明,面层的厚度以4～5厘米、孔隙率20%左右为宜。该路面铺筑较简单,也较经济。

2. 超厚多层孔隙沥青混合料面层路面 该路面的多孔隙沥青混合料层厚度为40～50厘米,一般设四层排水沥青混合料和4厘米厚的多孔隙沥青混凝土面层,每层的材料级配不同,其目的是增加降噪效果。

什么是水泥混凝土低噪声路面?

国际常设公路协会(PIARC)的混凝土协会于1988年设立了水泥混凝土路面降噪声委员会,他们收集汇总了各国的研究成果,水泥混凝土面层的降噪方式归纳如下。

(1)路面应具有良好的平整度,不允许存在间距为数厘米的横向不平整度,以降低轮胎冲击(振动)噪声。

(2)以纵向条纹代替横向条纹。纵向条纹不但可降低轮胎的气泵效应,还可降低冲击噪声。在水泥混凝土中加入增塑剂,浇筑刮平表面后再拉纵向条纹,降噪效果较好。

(3)表面用编织物处理,或用水刷洗。表面铺压编织物(如麻袋片),或用水刷洗混凝土,以增加表面粗糙度,从而降低轮胎气泵噪声的强度和频率。

(4)加气混凝土面层。30厘米厚的加气混凝土面层,其孔隙为20%左右,对降低轮胎噪声有利,但其造价较高,表面强度较低,抗冻性也有问题,因此只能在特殊场合使用。

水泥混凝土低噪声路面

(5)粗糙面层。在新铺筑的水泥混凝土路面上(可不设风面层,但强度需足够),用环氧树脂和砾石铺设面层。该面层既有粗糙度，又有弹性，据报道，其降噪效果比多孔隙沥青路面还要好。

八、汽车的可替代能源有哪些

随着石油资源的日益减少和环境污染问题的日益突出，开发研究环保型替代能源已成为一种趋势。目前，在汽车可替代能源的开发研究中，以下几种能源受到人们的关注。

1. 天然气 天然气是一种资源丰富的气态能源，具有辛烷值高、价格低、对环境污染小、使用安全可靠等优点。其主要成分为甲烷，甲烷具有很高的抗爆性，辛烷值达130，能适应较高压缩比的发动机，从而提高发动机的功率。天然气在发动机的工作温度下以气态存在，因此它能与空气混合得十分均匀，在发动机燃烧过程中不会有高分子的液态燃料存在，能充分燃烧。使用这种燃料的有害物质排放量与汽油相比有明显减少。天然气的深冷液化技术已获得突破性进展，气态时储运不便的问题得以解决。目前天然气汽车技术已日渐成熟，在许多国家获得广泛使用并被大力推广。

2. 液化石油气 液化石油气是以丁烷为主的碳氢化合物，其辛烷值高、污染小、储运较方便。液化石油气与天然气同属非再生性能源，其资源不如天然气丰富，但可在石油开采中作为废气或副产品，以及煤制取燃料时的副产品加以回收并有效利用。目前其应用技术已相当成熟，因此液化石油气汽车的保有量仍将有所增长。

3. 电能 电能作为"绿色环保交通运输工具"的电动汽车已受到世界各国的普遍重视，具有十分诱人的发展前景。电动汽车是零排放车，且具有噪声很小、结构简单、维修方便等优点。目前许多国家都在研究开发电动汽车，虽处于试验研究阶段，但在技术上已取得长足发展。采用内燃机与电动机混合使用的方式，以弥补电动汽车续驶里程不足的缺点，使其优

势互补。据美国政府代用燃料管理委员会资料显示，2010年电动汽车销售量已经达到180万辆，其中公用车约150万辆，商用车约30万辆。在不久的将来电能必将成为汽车主要能源之一。

4. 醇类 醇类能源系指甲醇、乙醇。可利用生物、煤炭来制取，来源有长期保证。醇类自身含氧，要求的理论空气量少，其热值虽比汽油、柴油低，但理论空燃比下的混合热值却比它们高，自燃温度和辛烷值高，着火限度宽，火焰传播速度快，有利于提高充气系数。但其沸点低，蒸气压高，易产生气阻；汽化潜热高，低温启动性差；对塑料及橡胶有腐蚀作用；对人体有害，且醇类汽车污染也较大。有关研究表明，柴油机中掺入甲醇蒸气后，在中等负荷运转时可明显降低排气中有害成分含量，且能节约柴油用量，故有很大的发展前景。在美国，相当一部分商用汽油都会掺入10%的乙醇。

5. 氢气 氢气是一种辛烷值高，热值高且不会产生有害气体的气态能源。其来源丰富，但生产成本高，能量密度小且储运不便。另外液态氢技术难度大、成本高，目前仍处于基础研究阶段。若制氢技术及储运技术有突破性进展，其应用范围必将大大拓宽。

6. 二甲基醚 二甲基醚(DME)是一种储运较方便且污染小，可用于压燃式发动机的新燃料，其主要成分是丙烷和丁烷，燃烧时几乎不产生碳烟，颗粒排放也很低。它允许使用较大的EGR（废气再循环）率，可使NO_x大幅度降低。其原料广泛，可用煤、石油、天然气和生物来制取。燃用DME的汽车可以满足美国ULEV和EURO-Ⅲ排放法规。但DME黏度比柴油低，用于一般柴油机燃油系统时易泄漏，且恶化滑动部分的润滑作用，容易引起磨损。其可压缩性随温度变化大，导致其循环供油量波动。但可以适当加入增加黏度的添加剂以保证准确

绿色能源汽车

的每循环喷射量。DME虽无腐蚀性，但会与弹性体材料发生反应，导致密封件损坏。目前尚未解决批量合成技术及成本较高的难题。

九、小小绿化带，防治大气污染作用大

由于树木或森林对颗粒物具有吸附和阻挡作用，因而能使空气中的大部分颗粒物沉降下来。树木及一些植物还能与空气中一些污染物发生一定的反应，使空气得到净化，减轻公路沿线邻近地区的空气污染程度。

1. 植物对颗粒物的净化作用　凡是能长期或短期内悬浮在空气中的固体和液体粒子都称悬浮颗粒污染物，或简称为颗粒物。地表（确切讲为近地面层）的不平度是影响颗粒物扩散的一个重要因素，一般草地或裸地的不平度可能只有几厘米，而树林或森林则可达几米。含有各种污染物的气流被高低不平的林木阻挡，其污染物的扩散范围可减小。因此，当污染源附近有树林带或森林时，能使颗粒物的最大浓度出现在污染源附近，距离污染源越远颗粒物的浓度便越低，树林或森林形成了阻挡颗粒物扩散的有效屏障。因此，在公路两旁种植树木或人工林带具有保护邻近地区免受空气污染或减轻遭受污染危害的作用。

据估算，一亩树林一年可吸收各种灰尘20~60kg。如一棵中等大小的桦树，约有20万片叶子，相当于2亩地的面积，故可截留大量的粉尘飘尘。林地的减尘率年平均为21%~39%，夏季为最高，可达61.1%，即使在冬季落叶期，减尘率也在20%左右。离污染源越近，减尘效果越显著。据报道，一条宽36米的林带，在距树高30倍远的地方，仍可使飘尘量减少30%。

草坪的降尘效果也很大，草坪滞留尘埃的能力比裸土大70倍。据调查，没有绿化的地区比绿化地区空气中的尘埃要多15倍左右。

2. 吸收有毒气体　树木对有毒气体均有净化功能。树种不同，对污染

绿化带防治大气污染

物的吸收和反应不同，净化能力也有差异。

植物吸收SO_2大致包括三种情况：①含硫粉尘附着于植物叶片、枝、干上；②叶片吸收SO_2并在植物体内积累；③吸收的SO_2被植物的代谢过程同化或转移。据研究，植物通过叶孔吸收SO_2后，大多数硫积累在叶片中，其中一部分以硫酸盐的形式存储于细胞中，或形成蛋白质、胱氨酸、蛋氨酸等含硫有机化合物。植物对SO_2的净化作用夏季最大，秋季次之，冬季最差，且白天优于晚上。不同树种对SO_2的吸收能力不同，其中垂柳、悬铃木、广玉兰、桂花、茶花、香樟、大叶黄杨和美人蕉等具有较强的吸硫能力。

据有关资料报道，路侧种植林带对汽车尾气中污染物CO的净化率如下：单行乔、灌木，宽3~4米，净化率7%~25%；双行乔、灌木，宽10~12米，净化率40%~50%。

但总的来说，植物对空气污染都是敏感的。当污染物浓度超过一定限度时，即使是抗性强的植物也可能受到危害。只有当植物处在能够生存的条件下时，它才能吸收极少量的污染物质，也才能具有"滤尘"作用。因此，不能把植物的净化空气作用估计过大或过分夸大，应该首先在消除或减少污染物排放方面采取措施。

第二章

铁路交通要低碳

第二章

鉄道交通政策

一、铁路对环境有哪些影响

前面已简单了解了铁路对环境的影响，我们再来具体介绍一下。

20世纪70年代后期，我国环境污染问题日益突出。80年代初，我国及时提出了保护环境、造福人类的号召，其后又颁布了《中华人民共和国环境保护法》。在推进经济体制改革的同时，明确指出发展生产与保护环境要同步进行，提出综合治理环境的方针及要求。在此背景下，铁路运输环境保护问题亦被提上日程，徐州机务段机车排放气体污染的诉讼，铁路噪声、振动影响沿线居民正常生活，机车和车辆洗刷污水排放等一系列问题被提了出来。

随着我国经济的发展，铁路改革的不断深化，铁路环境保护工作日益突出。为了创造一个良好的运输环境，铁道部要求各部门对出现的环境污染问题进行认真研究，就其影响危害程度进行广泛的调查，成立了专门研究机构和专业治理队伍。我国于1995年12月28日以铁教卫(1995)178号文件发布了《铁路综合治理沿线垃圾污染监督管理办法》，1997年4月23日以铁计(1997)46号文件发布了《铁路环境保护规定》，作为铁路环境保护的法律文件。开展对铁路沿线诸如白色污染、噪声、振动、废水、废气、固体废弃物及新建项目环境污染的调查研究和评价

铁路运输与环境

工作，以便及时有效地实施环境保护对策，改善铁路周围的环境质量。

铁路建设工程对地质环境的影响有哪些？地质灾害有哪些？

铁路工程建设如果造成环境破坏，有可能诱发地质灾害，而地质灾害又作用于铁路建筑物，影响铁路营运，这是一个恶性循环的过程。

如果在铁路建设中重视环境保护，将大大减少地质灾害的诱发，有利于安全营运的铁路内部效益，也有利于自然环境和社会环境整个大系统的外部效益。即形成铁路建设—环境保护—防灾减灾的良性大循环，是实现铁路建设可持续发展的正确途径。

如果将工程建设对环境的影响用EI表示，那么EI就应该包括两部分：一部分是可避免的影响，用AEI表示；另一部分是不可避免的影响，用NAEI表示。则有：

EI=AEI+NAEI

假设用D表示由于工程建设因素诱发的地质灾害，那么：

D=EI×f，（降雨、洪水、地震……）

表示被破坏的环境在降雨、洪水、地震等因素的作用下产生的诸如滑坡、泥石流、崩塌、路基沉陷等地质灾害，f表示转换系数。

D=(AEI+NAI)×f(降雨、洪水、地震……)

=AEI×f(降雨、洪水、地震……)+NAEI×f(降雨、洪水、地震……)

=AD+NAD

式中，AD为可避免的地质灾害；NAD为不可避免的地质灾害。

"铁路绿色设计施工"的新概念，要求铁路工程设计和建设的目标包括将可避免的环境破坏和地质灾害减少到最小，也即：

min(AEI，AD)

地质灾害与铁路基础设施建设的关系密切，铁路建设给环境造成破坏及所带来的地质灾害已不容忽视。铁路建设引发的地质灾害主要包括水土流失、滑坡、塌方、泥石流、崩塌、地面沉降、岩堆、岩溶和各种路基病害等，对铁路基础设施建设和营运带来相当大的危害。

泥石流灾害多分布于新构造运动强烈、植被稀少、堆积层或风化岩广泛分布且日暴雨强度大于100毫米的地区，如成昆、宝成、陇海（宝天段）、兰新、湘黔、石太等铁路线。滑坡、崩塌灾害多分布在宝成、成昆、川黔、汀黔、鹰厦、焦柳等铁路线。岩溶塌陷灾害多在黔桂、湘柳、黎湛等铁路线。

地质灾害有其自然的因素，但人为的因素能加剧灾害的诱发。例如：挖方破坏了山体原来的自然平衡，其反馈的结果是滑坡、塌方的威胁；路堤填方改变了周围岩土的状态，同样可导致滑坡；施工爆破会改变岩土体应力状态，产生新的不稳定面；隧道开挖，尤其是地质条件复杂的长大隧道造成的地表塌陷、地表水枯竭、地下水位下降，影响当地农业生产。另外，铁路工程施工中土石方量大，废弃的土石往往就近

铁路塌方

堆弃在山沟里或斜坡上，人为造成了泥石流隐患。

可见，如果设计和施工的不合理，会使铁路沿线总体环境趋向脆弱，环境恶化加速，从而导致灾害屡屡发生，强度与频率增大。目前我国铁路勘察设计技术规范规定对铁路工程自身的稳定、安全必须作出评价，而对建设引起的地质环境变化及诱发的地质灾害重视不够。

铁路工程建设对社会、生活和自然环境的影响有哪些?

1. **占用土地资源** 土地、特别是耕地,是人类生活和生产活动必不可少的一种自然资源。通常铁路基础设施占用耕地较多,因而影响当地工农业生产及人均收入。

2. **对自然环境的破坏** 铁路建设对自然环境的破坏较为严重。部分地区因地形条件所限,线路(路线)受技术指标控制,加剧了工程建设对自然生态环境的破坏,如砍伐森林、开山放炮、移山填路、改移河道等,破坏了几千年形成的地貌、自然景观和植被分布,影响生物群落的栖息地,进而影响动植物种群的数目以及动物迁徙等。

3. **对社会文化环境造成不利影响** 若在铁路工程勘测设计阶段考虑不周,或未采取有效的保护措施,都会对铁路沿线的文化、历史古迹、风景名胜和古建筑等造成不利的影响。

4. **施工作业对沿线声、气、水环境的影响** 施工期施工机械的噪声、废气,土石方爆破产生的振动,施工运输产生的扬尘,土石方开挖、堆(弃)对地下水和地表水的影响等,都会对沿线地区民众生活、文化教育及卫生等产生严重影响。

铁路工程建设对生态环境的影响有哪些?

铁路建设对生态环境的影响主要是施工期改变地貌、占用土地、破坏植被、影响水环境、影响野生动植物生态环境等。铁路建设对生态环境造成的不良影响主要在施工阶段,但生态环境保护的关键是在设计阶段。铁路建设对生态环境影响和破坏的特点,一般有下列几种情况。

(1) 线路、路基及沿线站、段、所等各类生产、生活设施占用土地,从而对地区农业生态产生影响和破坏,也对地区农业经济造成影响。

(2) 填筑线路路堤的取土和开挖路堑的弃土,对地区生态(植被、水土流失)造成影响和破坏。

(3) 当线路穿越草原、森林、池塘、湖泊、水库、河流、沼泽、湿地、沙地、荒漠等不同类型生态系统时，对生态环境造成影响。

（4）铁路建设在处理水土流失、滑坡、塌方、泥石流、崩塌、地面沉降、岩堆、岩溶等不良地质地段时，对周围环境造成影响。

（5）铁路穿越冻土、软土、膨胀土、盐渍土等特殊土地段时，为达到工程基础稳定进行换填土及基础处理措施，对沿线及周围生态环境造成影响。

（6）有地下水和地质复杂的长隧道、特大桥、高填方、长而深的路堑等特殊工程施工过程中进行疏干地下水、弃渣、改变河流形态；取、弃土占用土地或侵占河道，改变地表水、地下水径流，从而造成周围自然生态环境的破坏。

铁路工程建设

铁路建设对自然生态环境的破坏，从宏观上看，它会使自然风貌失去原始的状态；从生态学观点上看，它会破坏生态系统的功能结构，引起内部自调功能的紊乱，以致失去平衡。因此，在铁路选线、定线、设计和施工过程中，要从环境宏观和生态学的要求出发，重视自然生态环境的保护，减少铁路建设带来的不利影响。

二、铁路工程建设的环境保护措施有哪些

由于铁路建设不可避免地会对沿线环境造成影响，也可能造成一些不可避免的灾害发生，所以要采取措施使环境影响和地质灾害减少到最

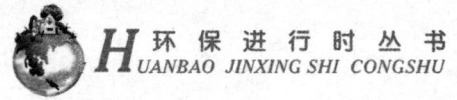

低限度。

在铁路基础设施勘测、设计、施工中,重视环境地质工作,合理选线,合理利用自然环境;预测铁路基础设施在施工中和施工后可能出现的环境地质问题,并及时采取预防措施;选择正确的施工方法,顺应自然地质环境发展趋势,将会有效地防止环境地质问题的发生,减轻其危害程度。比如为了提高勘测的准确性,近年不断采用3S(RS,GPS,GIS)新技术加强监控预测判断;施工中采用土钉等新技术加强对滑坡的整治。只有树立了环保和减灾防灾意识,才能把对环境的破坏和灾害的影响减小到最低程度。

将环境保护纳入铁路建设决策的各个阶段,在建设项目可行性研究阶段,进行环境影响分析,用分析结果指导线路的走向及方案选择;在设计的同时,进行环保设施设计和防灾基础设施的设计,例如线路上将短钢轨换成长钢轨,轨枕与钢轨间用减振垫,石渣选择优质岩石;在施工中,严格按照施工设计要求,采取合理的施工规划与工艺,进行文明施工等。

1. 铁路工程设计阶段的环保措施 铁路工程选线、选址可能影响到的环境敏感目标有自然保护区、风景名胜区、水源保护区、文物保护单位、温泉疗养区、基本农田保护区、集中居民区及文教区等。影响敏感环境的铁路工程要素有:线路走向、站场位置、取土(采石)场位置、弃土(渣)场位置、污水排放口位置、锅炉烟囱位置、垃圾堆放(处理)场位置等。

"绿色铁路"要求在铁路勘测设计中认真仔细地查明沿线的环境敏感目标,同时根据国家法律、法规,结合《铁路环境保护规定》的具体要求,充分研究铁路线位及沿线各种工程要素的选址问题。有些敏感环境,如自然保护区的核心区及缓冲区禁止修建任何铁路施;又如文物保护单位及其保护范围、基本农田保护区、集中居民区及文教区等,在经有关部门审批后或经技术、经济比较后可以适当修建铁路设施,但需对受影响的敏感环境进行迁建、补偿或防护。

2. 铁路工程施工阶段的环保措施 铁路工程在施工阶段引起的环境

问题，主要是对自然环境的破坏，以及大量占用土地、拆迁民房和施工噪声、废弃物对沿途环境、居民生活与工作造成的干扰和污染。施工阶段对环境的最大影响是水土流失和施工扰民（噪声、污水、废气、垃圾）。施工阶段要编制详尽的施工计划，将环境保护纳入施工计划，并加强施工管理，使施工期的环境影响降至最小。

（1）加强施工管理、减少环境影响。施工期间的临时性房屋、施工便道、材料堆放场、给排水管道等都要临时占用土地。施工机械行走碾压、人员践踏、运输便道等产生的二次扬尘等会影响周围地表植被和农作物生长，并可能加剧土壤侵蚀。施工中生产及生活所排放的废水和废物都可能对周围环境造成污染。施工中的机械噪声和振动会对周围居民产生影响。

施工期的多数环境影响是临时性的，在施工结束后会及时得到恢复，但加强施工期的环保措施及管理是十分必要的。

施工招标时应将施工单位的环境保护素质作为考察条件之一，建设与施工单位应设置专、兼职环保管理人员监督各项环保措施的实施，施工完毕后及时进行绿化与各项恢复工程，对沿线环境进行一系列的补偿措施。

（2）林地补偿。我国是森林面积较少的国家，人均占有量更少。据全国第四次森林资源调查，全国森林覆盖率仅为13.92%。按《中华人民共和国森林法》（1998年），目前我国工程建设占用林地实行经济补偿，由林业管理部门进行森林植被恢复。而国际上许多国家（如德国）规定，道路建设占用林地时，必须在道路沿线合适的地方补偿同等数量的林地，以维护地区生态环境。

（3）水土保持。铁路工程的路堤、桥隧施工中的取土场、弃土场有可能成为水土流失源，应禁止沿线分散取、弃土，选

绿色铁路

择合适地点集中取土或弃土。如在耕地取、弃土，应注意保存并重新使用表土使农田复耕。如使用非耕地取弃土时，尽量利用取弃土工程使土地平整能够达到造田还耕。无条件复耕、还耕的取弃土场地，施工结束后应及时植树种草，恢复植被。

三、铁路运输污染具体有哪些方面

1. **铁路运输大气污染** 铁路列车车辆在运行时产生的烟尘、二氧化硫、氮氧化物等有害废气对沿线地区大气环境影响较大。

经济合作与发展组织(OECD)调查资料表明，在欧洲运输业排放的氮氧化物占总排放量的60%、一氧化碳占78%、碳氢化物占50%（这三种污染物在英国为49%、86%、32%；法国为76%、71%、60%；德国为65%、74%、53%）。由于大气污染而造成的全球升温，运输业的"贡献"率仅次于工业(22%)达到20%，但工业的污染呈下降趋势并易于控制，而运输业的污染则以每年1.8%的速度在增长并难以控制。

2. **铁路产生的废水、废渣、污染物对周围环境的影响** 与铁路运输服务配套的生产和生活设施众多，分布面广，其产生的废水、废渣、污染物采取环保措施处理的不多，绝大多数是直接排放，对周围环境造成较大影响。

3. **电气化铁路的接触网导线与机车电弓之间产生的射频电磁污染** 大力发展电力牵引是铁路牵引动力改造的优先目标。到1998年底，电气化铁路里程已达1.3万公里，电力机车3096台，承担年运量的31%。同时伴随着电力牵引轻轨运输的发展，其电气化区段对城乡居民区产生的电磁干扰也随之而来，如不采取有效措施，无论有线、无线通信，广播电视及步话机等都可能受到电磁干扰而使声音失真、图像不清等。

4. **铁路旅客运输的"白色污染"** 目前我国铁路每天开行3000多

列旅客列车，约有300万人在列车上，由此产生的大量生活垃圾和排污，几乎在沿线随便排放。仅塑料饭盒及其他塑料制品造成的"白色污染"触目惊心，成为铁路沿线地区的公害之一。

5.铁路运输服务对人体健康和生命的影响 铁路运输服务虽然为人们上班、上学、购物、娱乐、看病、社交、旅游提供了更好的通达性，但是对

铁路污染

人们的身心健康甚至生命带来威胁。一方面，铁路本身及周围环境对司乘人员（动态）及沿途居民（静态）视觉的不利影响而引起视觉环境污染，如果沿途景物杂、乱、脏、刺眼、险恶就会影响人的思维、行为、情绪、言谈和感觉，造成心理和生理变化，甚至严重影响司机的操作行为；另一方面，铁路运输产生的污染、各种有毒排放物，会造成人们身体不适，甚至产生疾病，有时还会产生交通事故。

下面我们来认识一些铁路运输影响环境的主要设备。

铁路运输的服务设施，如车站、编组站等大多设在城市及乡镇，其中有不少设备营运时会对环境造成污染。

（1）影响声环境及振动环境的营运设备。列车的运行；站、段的固定设备，如大型空调机、空压机、发电机等。

（2）影响大气环境的营运设备。锅炉、运煤专线、散装货物装卸线、专用储煤场等。

（3）影响水环境的营运设备。机车车辆检修设施、车站及铁路职工生活区、蓄电池间、湿式除尘设备等。

（4）产生固体废物的营运设备。锅炉、散装货物装卸线、专用储煤

场、机车车辆检修设施、车站及铁路职工生活区污水处理场等。

(5) 影响电磁环境的营运设备。电气化线路、供变电设施等。

四、铁路运输环境污染防治措施有哪些

为了控制铁路运输对沿线环境的污染，铁路部门开展了"污染综合防治的研究"，建立各种模式（如噪声模式），实施环境质量的综合评价，预测环境的未来发展趋势。定点观测铁路、工厂、站、段等环境中有害因素对人体的影响，重点对以下问题进行了环境保护研究：

(1) 研究运输噪声对沿线居民睡眠的影响；

(2) 研究司机室噪声对乘务人员身体健康的影响；

(3) 研究化学物质的运输管理；

(4) 评价作业环境中有害物质对人体的影响；

(5) 研究电气化铁路工频电磁场对人体的影响等。

为了控制铁路运输环境污染，将铁路运输环保工作的重点放在减少污染源上。

1. 锅炉烟尘控制　对工厂、运输站段所用锅炉、垃圾焚烧炉等排放的烟尘、SO_2、NO_x 等采取治理措施。要求设立高烟囱，安装消烟装置，降低 SO_2、NO_x 的排放量，并在铁路运输环境统计报表管理中作为一项考核指标规定下来。

2. 加强对铁路货洗废水的处理　据不完全统计，目前全国铁路有45个货洗所，这些货洗所的监测记录表明，货洗污水的水质与车体受污染的程度有一定的关系。车体的污染状况，主要受所装载货物的种类、包装质量、装卸作业等因素的影响（如牲畜、农药、化工产品等）。全路基本上对货洗废水都不同程度地进行了治理，取得了一定效果，有的已达到同行业的先进水平。

3. 控制噪声源，防止噪声污染　　我国已对铁路噪声进行了30多年的研究，对铁路运输噪声污染源方面的治理取得了一个又一个的突破。铁路运输环境噪声的来源主要有运输机车车轮与轨道摩擦撞击声、列车内部机械运转和机车鸣笛等综合噪声。为了减少噪声污染，铁路部门进行了较深入的研究，提出了降低铁路运输噪声的措施。

（1）在通过城市区段铁路线的两旁设立声屏障（如济南铁路大桥的声屏障）；在列车车体内部使用隔声性能好的阻尼；车

保护环境

轮应用弹性轮；安装车裙；种植防护林带等，防止噪声的传播。

（2）制定铁路运输环保教育和操作要求，加强对机车驾驶员的环保教育，控制机车鸣笛次数，且避免长鸣笛。根据对铁路站场边界噪声测量及与鸣笛噪声的比较，结果是鸣笛噪声占相当大的比重，鸣笛噪声级是机车车辆运行时辐射噪声级的14倍以上。

（3）在铁路沿线两侧设立噪声监测点，进行较长时间的观察，以掌握噪声的传播规律，为进一步治理噪声作基础性的研究。

五、内燃机废气排放与噪声污染的降低方法

降低内燃机车废气排放的方法有哪些？

内燃机车的废气来源于机车柴油机。柴油机排出的废气中含有大量的

NO_x、SO_2、CO、CH等有害物质。降低废气排放,实质上就是降低废气中的有害物质的含量,降低废气浓度及温度。下面简单介绍降低内燃机车废气排放的方法。

1. **增设废气净化器** 在选用机车柴油机时,选用带有废气净化功能的柴油机,或者另外配置废气净化器。使柴油机汽缸中的废气在净化器内进行二次燃烧处理,废气经过二次燃烧后,燃烧较为完全,此时排出的有害物质的含量将会大幅降低。

2. **采用水洗塔** 在机车柴油机的废气排放系统中,设置一个

大功率内燃机列车

废气水洗塔,使柴油机排出的高温废气,经过水洗塔水洗冷却,一方面可有效降低废气排放的温度;另一方面通过H_2O来吸收废气中的NO_x、SO_2等有害物质,从而达到既降低了废气排放的温度,又降低了有害物含量的目的。

3. **采用混流器稀释** 在机车柴油机的废气排放出口处,设置一个环形废气混流器,利用机车冷却风扇,把外界大量的清新空气吸入,经过混流器稀释柴油机排出的废气,也可达到降低废气有害物质浓度和废气排放温度的目的。

降低内燃机车噪声污染的方法有哪些?

内燃机车的噪声主要来源于柴油机排放废气和冷却风扇的气流噪声,以及柴油机齿轮减速箱等传动部件的机械振动和摩擦噪声。因此,降低噪

声主要从降低振动、摩擦、气流噪声辐射这些方面着手。

1. **减振和隔振** 机械振动是内燃机车上最主要的噪声源。由于各个部件的尺寸形状及材料等都不相同，振动发出噪声的频率和声级也都不一样，是最为复杂的噪声源。采取的减振和隔振措施如下：

①采用弹性支承吸振减振，调整配置各档传动部件的传动比，加大振动零件的刚性，尽量把各个振动源的振动频率错开；

②采用弹性联轴器或柔性联接轴，把各个振动源相互隔开，从而避免共振，减少噪声叠加，达到降低噪声的目的。

2. **润滑和减磨** 内燃机车传动系统中机械摩擦产生的噪声，也是一个不可轻视的噪声源。减少摩擦噪声可以通过提高零部件加工精度和降低粗糙度来达到，但代价昂贵。而通过用高性能润滑油脂，或在润滑油中加入合适的添加剂，改善润滑状况，从而达到降低机械摩擦噪声的目的，既方便又经济，同时还可减少零件的磨损，延长零件的使用寿命。

3. **降速和消声** 内燃机车柴油机废气排放噪声和冷却风扇的气流噪声，又是一种噪声源。通过上述对废气排放的净化、水洗处理，同时也可达到降低废气噪声的目的。在柴油机废气排气口安装消声器，也是一种降噪的方法。通过对冷却风扇叶片和流道作表面处理和适当降低风扇转速，减少空气与叶片和流道间的摩擦，减小空气与空气间的摩擦，也可大大降低气流的噪声。

4. **隔声和吸声** 内燃机车的噪声源既多又复杂，在采取隔声、吸声技术时，一定要先对噪声进行测试分析，针对不同频率的声源，要采用相应的不同材料和方法。如降低驾驶室的噪声，通常是尽量提高车体墙板本身的刚性，再用各种密封材料，如橡塑密封件、结构件胶填充所有缝隙，尽量密封动力室和驾驶室；在车体墙面上喷涂适当厚度的阻尼吸声材料(如Terophon-123WF)，并衬上吸声材料（如玻璃棉），从而把动力室内的噪声与驾驶室和外界环境隔开，达到降低驾驶室噪声和机车噪声辐射的目的。

六、列车洁净与旅客废弃物处理的方法

旅客列车洁净处理的方法有哪些？

保证旅客列车的洁净

旅客列车洁净处理包括垃圾清扫、垃圾处理、粪便处理以及车厢空气净化等多方面，这对于保证车内外环境卫生有重要作用。

随着铁路运输事业的发展，垃圾的数量迅速增加，垃圾中含有的纸、金属、玻璃、塑料等有用成分也随之增多，这要求铁路部门在做好站、车、库垃圾清扫、集运工作的同时，搞好垃圾资源再利用工作。

目前我国列车清扫大多是人工进行的，国外铁路有的已采用机械化清扫。如德国铁路科研部门与有关单位合作，研制出移动式客车内部清扫机，清扫站线的垃圾用轨道清扫车。我国旅客列车垃圾集运处理过程中，往往因管理不善而造成车站环境污染。近年来，为了使垃圾集运方便、卫生，瑞典、德国、美国、日本等国已在城市居民区使用地下管道运输。在列车垃圾较多的主要货运站、车辆基地、接待旅客的场所，可以考虑采用这种垃圾处理方式。

站车旅客废弃物处理的方法有哪些?

站车旅客废弃物系指旅客在候车和列车上旅行过程中产生的固体垃圾。这类废弃物按其组成可分为有机物和无机物两类,包括:废纸;瓜果的皮壳、籽、核;玻璃瓶;塑料制品及金属制品等。通常这些垃圾无毒害,但若处理不当,仍可发生腐败和臭气,造成对环境的污染。所谓白色垃圾是指铁路沿线抛弃的一些不可降解的塑料制品。

1996年4月10日,我国正式实施了《中华人民共和国固体废弃物污染环境防治法》,该法于2005年进行了修订,指出对固体废弃物防治要采用"三化"原则,即减量化、资源化和无害化。对于铁路客运车站,除站房内候车旅客所发生的固体废弃物外,主要客运站还收集旅客列车送下的固体废弃物(一般用袋装)。目前由于在垃圾处理方面尚缺乏有效的方法,只是将混合垃圾送至垃圾堆放场。

从资源化原则出发,应对固体废物进行分类、回收。因此,最好是站房、列车上能分别设置标志明显的废物箱或袋,分别收纳不同类型的垃圾,当然这样做一方面加大了运输成本,另一方面需要旅客的积极配合。实行垃圾分类,既可回收利用废弃物减少资源的浪费,取得一定的经济效益,又可直接减少需进一步处置的垃圾量。

列车运行过程中收集的垃圾,在停站时将垃圾集中到车站站台上设置的移动废物箱,按时由电瓶车运至垃圾集中站进行分捡、回收后,将部分垃圾运至当地环保或环卫部门指定地点进行处置。

防止固体废弃物环境污染主要在于管理,这种

学生清理铁路沿线的垃圾

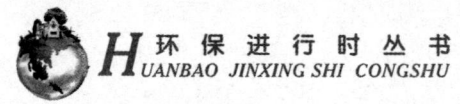

管理要贯穿在固体废物的产生、收集、运输、利用、储存和处理的全过程及各个环节。

当铁路部门单独设置垃圾处置场时，必须遵守城市环境卫生主管部门的规定，在指定地点倾倒、堆放。不得在自然保护区、风景名胜区及生活饮用水源地保护区等地设置处理场所和垃圾填埋场。还必须强调未经许可，严禁利用铁路运输之便将固体废物转移至其他地方。

国外发达国家从环境保护和资源利用出发，对旅客废弃物的回收极为重视。如在日本铁路客运公司所辖的东京地区铁路客运段内，山手线的36个车站每天产生的垃圾多达1.35吨，其中报纸、杂志类约占50%，各种饮料罐、瓶约占30%。为回收这些可利用的资源，分别用投入口各异的垃圾箱，用于分装报纸、杂志、空瓶罐及其他废物，取得了良好的效果。

总之，铁路环境治理是一个系统工程，站车环境治理又是铁路环境治理的重要组成部分，应从提高客运服务质量，改善旅客旅行舒适性，保证旅客和乘务人员身体健康，保护铁路沿线周围环境，保护生态环境，抑制流行病传播等的高质量要求，制定站车综合治理的总体规划，并将其纳入铁路运输发展规划之中。从计划、投入、立法和监督各个方面采取措施，使铁路环境状况和环境质量有较大改善。

第三章

航空飞行要低碳

一、飞机也要谈节油

航空运输节油可以考虑的措施有哪些？

1. **飞行高度层的改革** 目前我国航线高度层的配备至少存在以下两方面的不足：一是目前制定的飞行高度层远低于飞机的最佳高度；二是公制飞行高度层使高度资源的利用受到很大限制。为充分利用高度层资源，全球越来越多的区域开始使用缩小垂直间隔标准(RVSM)技术，其运行资格批准都是按英制高度层的技术标准来进行认定的。采纳共同的巡航高度层程序，在加强安全的同时也会减少管制员和飞行机组在RVSM过渡区域的工作量和复杂性。

2. **空中交通管制服务** 近年来，经济、经济环境使航空公司的经营非常艰难。尤其是燃油价格的飙升已使航空公司的航油成本占据了30%以上的运输成本。为了降低油耗，大多数航空公司都在修改操作程序、试图改进飞行计划、管理和操作技术。

航空运输

3. **缩小垂直间隔标准(RVSM)技术的运用** 采用RVSM技术不仅可以增加空域容量，还可以使航班经济效益显著提高。世界上有的国家和地区包括美国和中东地区在2003年和2004年相继实施RVSM运行，我国临国的日本和韩国在2005年也开始实施起来。

4. **合理的空域、航路和飞行程序设计** 空域和航路规划者、飞行程

飞机节油

序设计人员应利用每个机会监视现有的航线、标准仪表离场程序和标准仪表进场程序，与航空公司协同工作以建立更加紧密地与机动能力相匹配的程序和航路。

其次，无论是机场当局还是其他导航设施的提供者，都应当密切关注新技术的运用，以帮助航空公司降低改航和备降的概率。

5. **多元化的航油供应** 我国航空燃油的供应长期处于独家经营的状态，垄断的市场地位只能带来垄断的价格。缺乏竞争的我国航油价格长期高于周边国家或地区的水平，这是民航改革的一大重点方向。

飞机航行时影响燃油效率的主要参数有哪些？

1. **高度** 飞机在最佳高度飞行时，能产生最好的燃油效率，而偏离最佳高度飞行则会带来明显的燃油损失。当航程太短无法使用最佳高度时，理论上最经济的航线剖面是一直爬升到切入下降剖面。但在实践中，一般仍会计划若干分钟的平飞阶段。

2. **速度** 可由装备有速度优化功能的飞机按预先确定的成本指数，通过计算得出直接运营成本对应的最低速度。

3. **垂直导航剖面** 在下降剖面和进近过程中，能量管理极为重要。如遇短时间的高度限制，致使飞机高于剖面，除非空中交通管制制定了某个硬性速度，应尽可能减慢速度，必要时减到最小阻力光洁速度，然后再按所需增速到正常的下降速度或更高的速度，以重新截获下降剖面。

4. **最短时间的路径** 在空中，最短时间的路径可以是直飞航路、区域导航(RNAV)航路或进、离场程序，以及使用目视进近代替仪表进近。此外，利用好不同高度层上的有利风也可以实现最短时间的路径。

5. 延误和等待　　航班的延误是不可避免的，而其后采取的措施常常会影响到燃油的经济性。遇到地面等待时，尽量以开车前等待代替开车后等待。

从飞机重量方面考虑，增加燃油效率的措施有哪些？

飞机的重量对其燃油效率影响很大。飞机重量越轻，起飞时爬升得就更快，其巡航高度就越高，着陆距离越短，轮胎和刹车磨损越少。在使机载重量最小化方面，飞机勤务、配餐、机上服务和航线维修人员都能发挥重要作用。就降低非商载重量的若干方面，有以下措施可供参考。

登机携带品要注意

1. 携带适量的饮用水　　在旅客服务用品影响飞机使用中的诸因素中，饮用水的加注量最易被忽略。比较适当的做法是，根据旅客人数和航程长短来加注饮用水，而不是每次航班都要装载满箱饮用水。

2. 清洁飞机　　除了应当定期清理机上不需要的旅客服务用品和机载资料、文件之外，飞机本身的清洁工作也不可忽视，重点是积聚的潮气和尘埃。我国南方地区空气潮湿，北方的空气中则多尘埃飘浮，空机重量一般可因此每年增加0.2%。为了飞机适航安全，飞机驾驶舱和起落架舱等比较敏感的区域需要由机务维修人员负责清洁，而客舱的清洁工作通常可由航空公司保洁人员进行。

3. 限制不必要燃油

（1）带油。带油通常限于短程航班或是目的地机场无法供油等原因。因发动机废气排放、噪声等危害社会生态，以及带油需要以多耗燃油作为其代价，因此，只有燃油差价明显时才考虑带油。在制定带油政策时，应综合考虑携带额外燃油的全部成本，包括较低的起始巡航高度、较大的起飞重量、起飞速度和较小的减推力以及对飞机、发动机、起落架、刹车、轮胎等部件更多的磨损。

（2）不要过多加油。最常见的过多加油，是因为选择了不合理的备降场和不合理的公司燃油政策。通常不需要为起飞备降场增加燃油，合理选择备降场可以减少不必要的燃油，而利用再次签派（二次签派）技术和机尾号飞行计划，也可进一步降低不必要的燃油。目前国内仍然有许多航空公司实施"固定油量"制度。这种制度下的起飞油量通常按不同的航季来制定，出于对飞行安全的考虑，使用的计算因素往往极为保守，如相当不利的风和气温、最大可用的商载或载运率等，致使计算出的所需起飞油量值可能远大于实际所需，应尽快进行修正。

（3）加强飞机性能监控。飞机性能监控是指通过记录飞机的实际飞行参数和发动机数据，可以分析出飞机总体阻力的偏差和发动机燃油流量的偏差，从而可以及时掌握飞机燃油里程的变化情况。而飞机性能监控的意义在于：更新FMC的燃油预测；调整航班计划燃油量以使之更加准确；提高延伸航程飞行性能数据的有效性。

从飞机维护方面考虑，影响燃油效率的方面有哪些？

1. 空气动力面的划分 根据对气动阻力和燃油效率影响的大小，可以对飞机机身的外表作以下划分。

（1）关键区域机翼、垂尾和水平安定面自前缘至后梁的部分、发动机整流罩前部及机头至机翼后梁的机体部分，这是影响燃油效率的最主要区域。

（2）半关键区域发动机整流罩中部，该区域对燃油效率的影响很小。

（3）非关键区域。机身外表的其他部分，该区域对燃油效率的影响也最小。

2. 仪表指示准确度 仪表指示的误差尽管不直接影响燃油效率，但错误的仪表读数将使飞机偏离最佳或理想的剖面飞行,从而使燃油效率受到间接的影响。应定期进行仪表校准检查,尤其是速度测量装置对燃油里程有很大影响。

3.**阻力增大的因素**　密封不严、飞机外表面不平整或者操纵面装配不良,常常致使飞机总体阻力增加,而使燃油效率受到负面影响。

 ## 二、机场对水环境的污染及措施

机场对水环境的主要污染源及污染物列于下表。由表可见,机场运营期排放的污水以含油污水和生活污水为主。

针对这些水环境污染,机场的保护措施有哪些呢?

1. **机场设计措施**

(1) 飞行区雨水应直接排入当地纳污水域。如飞机及机场道面不使用有毒的除冰剂,飞行区雨水也可直接排入四类、五类地表水或三类、四类海水。最好直接排入当地城镇的排水系统。

时期	主要污染源	主要污染物
建设期	机场土石方及各种结构物施工	颗粒物(砂粒、土粒、矿渣等)
	施工机械及运输车辆	石油类
	施工人员宿舍、食堂及门诊所	需氧有机物(碳水化合物、脂肪等)富营养化物质(磷、氮等)病原体和寄生物
劳动期	站坪	石油类
	汽车加油站	
	油库	
	飞机事故溢油	
	飞机及机场道面除冰	有机有毒化合物
	飞机修理厂	氧化物、重金属等
	航站楼、宾馆、行政办公楼、生活区等	需氧有机物(碳水化合物、脂肪等)富营养化物质(磷、氮等)病原体和寄生物
	机场种植	磷、氮、农药、颗粒物等

机场对水环境的主要污染源及污染物

（2）航站楼、宾馆、行政办公区和生活区等的污水，经处理达标（污染物浓度达到规定的排放标准）后，宜排入当地纳污水域，也可排入四类、五类地表水或三类、四类海水。

（3）油库、加油站、飞机修理厂应单独设置污水处理系统，经过处理达标后的污水可排入当地允许的纳污水体。

（4）对油罐尤其是地下输油管道要加强防泄漏措施，因为地下输油管道发生泄漏不易被发现。例如美国肯尼迪国际机场发生燃油泄漏长期未发现，在1978年发现时，在地下已形成两个"燃油湖"，其容积高达 $1.1 \times 10^7 \sim 1.9 \times 10^7 L$ 及 $2.3 \times 10^7 \sim 3.4 \times 10^7 L$。

（5）在水网地区或以地下水为饮用水源的地区，如用工业废渣做机场道面基础或公路基础，应先做淋溶试验并做有毒物质（汞、镉、铬、砷、铅、镍等金属）和放射性物质测定，证实不会影响饮用水的水质时，才可决定采用，并应在基础底部和两侧做封层。

（6）进机场公路经过饮用水源地或养殖水体时，必须设边沟，并防止边沟内污水流入饮用水源地或养殖水体内。

2. 机场施工期措施

（1）在饮用水源地保护区内，不许设置沥青混合料搅拌站及水泥混凝土搅拌站；不许堆放或倾倒任何含有有害物质的材料或废弃物；不许取土、弃土、破坏土壤植被。

（2）搅拌站的排水、水泥混凝土道面养生及切缝废水，不许排入一至三类地表水体及一类、二类海水水域，也不许排入地下水取水点保护区。

（3）施工人员集中居住区的生活污水及生活垃圾，特别是粪便应集中处理，防止污染水体。

三、机场对空气的污染及措施

机场对周围空气环境的主要污染源及污染物见下表，其中营运期的污

时期	主要污染源	主要污染物	污染范围
建设期	运输车辆行驶	颗粒物、NO_2、CO、HC	材料运输道路两侧附近
	施工机械	颗粒物、NO_2、CO、HC	机场附近
	土石方施工	颗粒物	机场附近
	沥青混凝土路面施工	沥青油烟	机场附近
营动期	飞机起降、滑行及试车	NO_2、CO、HC	飞行区两端及两侧附近
	汽车行驶	NO_2、CO、HC	进场公路及场内公路两侧附近
	锅炉	烟尘、SO_2、NO_x	机场附近
	焚烧炉	烟尘、CO、SO、NO_x	焚烧炉附近

机场主要空气污染源及污染物

染源及污染物是主要的。一般来讲，机场对空气环境的影响不很突出，但保护措施仍是必需的。

下面我们来了解一下机场附近的空气污染的防治措施：

1. **场址避开环境敏感点**　在选择机场位置时，尽量远离居民区等环境敏感点，尤其是跑道两端更应远离居民区。

2. **种植绿化带**　对飞行区附近的建筑物，可在建筑物临近飞行区的一侧种植林带来净化空气。但树的高度应符合机场净空要求，树的种类应不会招引鸟类。对进场公路附近的建筑物，可在公路两旁植树来净化空气。

3. **发展公交车**　鼓励旅客出入机场时乘坐公交车，以减少私人汽车及出租车的排放废气。

4. **烟囱点源达标排放**　尽量不采用燃煤锅炉而采用燃油或燃气锅炉，并采取措施使锅炉排放符合国家环保总局颁发的《锅炉大气污染物排放标准》（GB 13271-2001）。其位置应设在距机场航站区、行政办公区、生活区以及学校和居民区等敏感点足够距离的下风向处。焚烧站也应设在距敏感点足够远的下风向地方。

5. **控制飞机污染物排放**　飞机对机场周围大气的影响，主要在地面滑行及低空起飞和降落过程中排出废气造成。通常，飞机在滑行道上滑行的时间占整个低空起降和滑行过程的60%以上。因此，如果用汽车牵引代替飞机自滑，即起飞滑跑前用汽车把飞机从站坪牵引至跑道端，飞机着陆后

用汽车牵回，这样就可以大大减少飞机对机场周围大气的影响，也可以减少航空油料和发动机寿命的消耗。

6. 施工期间空气污染防治措施

（1）土石方施工现场和便道应及时洒水，防止扬尘对空气污染。石灰、粉煤灰等粉状材料运输和堆放应有遮盖，防止散落和飞扬。

飞机起飞时排放污染大

（2）当跑道或公路采用沥青混凝土道面时，其搅拌站应采用符合排放标准的全封闭式搅拌设备，并设在至少距居民点300米的下风向外。

四、机场附近生态环境的保护

应对机场附近的自然保护区、水源保护地、森林、湿地、草原、野生生物和植被等进行保护。下面简要介绍保护措施。

1. 机场规划措施 机场位置及进场公路路线应避开自然保护区、水源保护地、森林和湿地等。不得已时，进场公路可从其边缘通过，尽量减少破坏。

在草原地区修建机场时，尽量把机场选在牧草生长差的地方，要注意保护自然植被。机场用地范围内应予以绿化。

对于国家规定保护的野生动物（详见国务院批准的《国家重点保护野生动物名录》），机场位置应避开其栖息地及珍稀鸟类的迁徙路线。如避不开，应将其栖息地迁至合适地点。在选择候鸟新栖息地时，要保证其迁徙路线不会和飞机飞行相互干扰。

对于国家规定保护的野生植物,机场位置也应尽量避开。如避不开,应移栽。

2. 水土保持 进行公路、铁路及机场等基本建设活动。如不注意就会破坏植被,引起土壤侵蚀,使生态环境恶化。水土流失是当前土地资源遭受破坏的主要原因。我国解放初期水土流失面积为150万平方千米,到20世纪90年代增至179.4万平方千米,约占全国土地面积的18.6%,水土流失量每年达50多亿吨;2005年达356万平方千米,占国土总面积的37.1%,我国已成为世界上水土流失最严重国家之一。水土流失造成土壤的肥分损失,相当于每年4000万~5000万吨化肥,价值250亿~315亿元。水土流失还使江河湖泊淤积,导致洪水、泥石流等灾害增加,从而使生态环境恶化。机场建设占地多、土石方量大,容易造成水土流失。在进行建设时应采取下列措施。

(1)植被。植被是防止水土流失有效的和经济的措施,机场建设应尽量保护植被及绿化种植。

飞行区土质地带应栽植适合当地生长和便于维护的草皮。机场其他地区可栽植花草和不招引鸟类的树木,其高度要符合机场净空要求。

在进行机场地势设计时尽量使飞行区内的土方达到填挖平衡,以减少由于向机场外弃土或借土而增加植被破坏。弃土应尽量用以造田,如无条件,则应堆平,覆盖草皮,并做好排水措施。借土区宜在荒山地,并尽量减少开挖面。取土后应恢复地表植被。

(2)治坡。在进行机场地势设计时,应使飞行

机场环境问题

区土质地面的坡度小于会引起雨水径流冲刷地表土壤的坡度。飞行区的边坡应植草皮或砌护面。高填土地区,为了防止大量雨水冲刷边坡,宜在飞行区土质地带边缘设截水沟,每隔适当距离设一出水口,并沿坡面砌导流槽,把水导至坡脚的排水沟流走。在土质疏松透水性较大的地区和沟底纵坡较大的地段,排水沟应加固。

五、飞机的噪声污染及措施

飞机在运行时的噪声主要由机体噪声和发动机噪声组成。

机体噪声由气流流过机翼、增升装置(尾缘襟翼、前缘襟翼)、尾翼、机身、起落架等引起的气流压力扰动而产生的,其中气流流过机翼而产生的噪声是主要的。

发动机噪声与发动机的类型有关。涡轮风扇发动机的噪声由风扇、压气机、燃烧、涡轮、喷流等噪声构成,其中以喷流和风扇噪声为主。涡轮喷气发动机的噪声由压气机、燃烧、涡轮、喷流等噪声组成,以喷流噪声为主。涡轮螺旋桨发动机的噪声由螺旋桨、压气机、燃烧室、涡轮、喷流等噪声组成,以螺旋桨噪声为主。

飞机噪声不但与机体和发动机的类型有关,而且受运行状况所影响。当飞机在地面试车时,其噪声只有发动机噪声,没有机体噪声。当飞机起飞时,其噪声除发动机噪声外,还有机体噪声,以发动机噪声为主而且与油门大小有关。当飞机降落而油门减小时,噪声由发动机噪声和机体噪声组成,其中机体噪声占的比例较大,尤其是装有涡轮风扇发动机的大型飞机。

飞机运行时的噪声比汽车行驶噪声大得多,如一架大型运输机起飞时在航道下方60米处的最大A声级高达116分贝,约相当于4万辆大型卡车以70km/h速度同时行驶时在距60米处产生的噪声。

高等级公路上汽车噪声污染（噪声级超过国家规定的标准）范围，一般为距公路中心线两侧各约150米的带状区域。干线机场飞机噪声污染范围，一般为跑道两侧各0.7～1千米、跑道两端各4～8千米近似梭子形的区域。

高等级公路上的交通量通常每日高达数万辆，平均每隔几秒钟就通过一辆汽车，因此其噪声影响几乎是连续不断的。而飞机要隔至少几分钟才起降1架次，而且间断时间很长。

飞机噪声的噪声允许值是怎么规定的呢？

（1）民用飞机噪声标准为了控制飞机噪声的环境污染，不少国家规定民用飞机必须经过鉴定和取得噪声合格证后才允许投入生产和使用。鉴定时通常采用国际民航组织(ICAO)建议的航空器噪声标准。

（2）在敏感点上空飞越一次的最大噪声允许值。

①最大A声级LAmax的允许值。对于飞机在敏感点上空飞越一次的LAmax允许值，我国至今尚未作出规定，我们可根据敏感点的具体情况及对声环境的要求来确定。

例如，某机场跑道端附近有一所学校，根据房屋结构及朝向等情况，经测定和分析得出飞机噪声由室外传入室内，开窗时衰减15分贝，关单层窗时衰减20分贝，关双层隔声窗时衰减30分贝。根据《民用建筑隔声设计规范》(GBJ 118-88)的规定，学校一般教室的室内A声级≤50分贝(A)，这是根据在教室内教师提高嗓门讲课，坐在后排学生能够听清楚的要求制定的。由此可得飞机噪声在学校室外的LAmax允许值，保证开窗上课不受干扰为65分贝，保证关单层窗上课不受干扰为70分贝，保证关双层隔声窗上课不受干扰为80分贝。

②噪声暴露级LSE的最大允许值。目前世界上不少繁忙机场，在飞机起降航线附近的主要敏感点设置监测点，并规定飞越一次的LSE最大允许值。

机场飞机噪声有哪几种？机场飞机噪声污染防治措施有哪些？

机场飞机噪声有起降噪声、滑行噪声、试车噪声三种。其中飞机起降

噪声既强烈又影响范围大，因此飞机噪声污染防治的重点是起降噪声。

飞机噪声污染防治措施有飞机、飞行、机场工程、土地使用规划、管理五个方面。

1. **飞机措施** 降低和限制飞机本身的噪声，这是防治飞机噪声污染的根本措施。

飞机噪声

（1）用低噪声飞机取代高噪声飞机。现在世界各国在研制新型民用运输机时，都很重视降低飞机的噪声，主要降低起飞噪声，并把它作为评价飞机性能的主要指标之一。因此，民用运输机的噪声逐年下降。

（2）禁止噪声过大的飞机进入机场。

2. **飞行措施**

（1）飞机起飞着陆避开噪声敏感区。当噪声敏感区在跑道延长线上并且距跑道较远时，可规定飞机起飞及着陆都避开这个敏感区。噪声敏感区在跑道延长线上并且距跑道较近时，可规定有噪声敏感区的跑道一端不飞行，只在跑道另一端起飞着陆。或规定有噪声敏感区的跑道一端只许飞机着陆，不许起飞。噪声敏感区在跑道的一侧附近时，可规定飞机起飞着陆只沿没有噪声敏感区的跑道一侧飞行，或规定在离开噪声敏感区足够远的地方绕过去。

（2）合理安排飞行活动。夜间及中午飞行严重影响机场附近居民的睡眠和休息，容易激起公愤。所以夜间及中午不飞或少飞是减轻飞机噪声污染的重要措施。飞机地面试车也应尽量不在夜间及中午进行。

（3）限制飞机起降架次。根据机场周围敏感点的情况，限制飞机在跑道一端或两端的起降架次，尤其是夜间的起降架次，使机场周围的飞机噪声基本符合国家规定的环境标准。

（4）提高飞机上升率或减小油门。当噪声敏感区在跑道延长线上时，可以考虑采用提高飞机上升率，使飞机以较高的高度飞越噪声敏感区；也可以考虑采用当飞机到达噪声敏感区上空时减小油门的措施。这两种措施，由于效果不大而且会影响飞行安全，因此通常不被采用。

3. **机场工程措施** 在机场建设过程中，可根据具体情况采用下列措施减轻飞机噪声环境污染。

（1）改变跑道方向或移动跑道位置。在机场设计时，如果发现跑道延长线上有噪声敏感区，可考虑改变跑道方向或移动跑道位置，使飞机起降航线避开噪声敏感区。

（2）改变机场位置在跑道附近有范围较大的噪声敏感区（如城镇），当采用上述方法不能解决问题时，可考虑采用改变机场位置的措施解决。

（3）机坪的位置和朝向尽量避开噪声敏感区或设置消声设施在机场设计时，要尽量使机坪，尤其是修机坪的位置和朝向远离噪声敏感区。当无法避开噪声敏感区时，可以考虑设置消声设施。

（4）植树造林声波通过较茂密的树林，每前进10米，要衰减1.0～1.5分贝。因此，在不影响机场净空的前提下，可在噪声敏感区临近跑道的一侧植树造林，以减轻飞机噪声的污染。

（5）隔声或搬迁根据机场飞机噪声预测等值线图和土地适用参考表，对噪声超过标准的建筑物可采取隔声或搬迁的措施。

（6）合理布局机场，使机场内的飞机噪声污染减至最小。

4. **土地使用规划措施** 作好和严格执行机场周围土地使用规划，这是防治飞机噪声污染的重要措施。土地使用规划图应与当地城市规划管理部门合作完成。完成后，由当地城市规划管理部门执行，严格控制机场周围新建的各种建筑物，使得机场和周围城镇建设能够长期协调发展。

5. **管理措施** 世界各国都很重视噪声的管理措施，认为这是防治噪声污染很有效的措施。其关键是成立管理机构、立法和督促执行。目前我国已经基本建立了完善的管理机构，并且颁布了一系列的条例和标准。为了贯彻"预防为主"的方针，在《建设项目环境保护管理条例》中明确规定:"国家实行建设项目环境影响评价制度……建设项目需要配套建设的环境保护设施,必须与主体工程同时设计、同时施工、同时投产使用。"

新建和扩建的机场都要做环境影响报告书。报告书主要内容之一是预测机场建成后飞机噪声污染的情

机场减噪工作

况,提出防治措施及周围土地使用规划的建议。管理工作的最主要目的,是使各项污染防治措施得到落实。因此,机场环境影响报告书批准后,要督促有关单位严格执行。在验收机场主体工程的同时,要检查隔声和拆迁等防止飞机噪声污染的工程是否全部完成。

第四章

水上交通的低碳

一、走近水路运输

水路运输是利用船舶、排筏和其他浮运工具,在江、河、湖泊、人工水道以及海洋上运送旅客和货物的一种运输方式。它是我国综合运输体系中的重要组成部分,并且正日益显示出它的巨大作用。

水路运输按其航行的区域,大体上可划分为远洋运输、沿海运输和内河运输三种形式。远洋运输通常是指除沿海运输以外所有的海上运输。沿海运输是指利用船舶在沿海区域各地之间的运输。内河运输是指利用船舶、排筏和其他浮运工具,在江、河、湖泊、水库及人工水道上从事的运输。

水运

水路运输具有下列特点,也是它的优点。

(1)水运主要利用江、河、湖泊和海洋的"天然航道"来进行。水上航道四通八达,通航能力几乎不受限制,而且投资省。

(2)水上运输可以利用天然的有利条件,实现大吨位、长距离的运输。因此,水运的主要特点是运量大、成本低,非常适合于大宗货物的运输。

(3)水路运输是开展国际贸易的主要方式,是发展经济的主要交通工具。

一般说来,水路运输的主要对象是旅客和货物,而为了输送他们就需要有船舶和港口。从统一的运输网来说,水运只是运输"大系统"中的一个"子系统"。然而,水运系统的组成也是极其庞大复杂的。

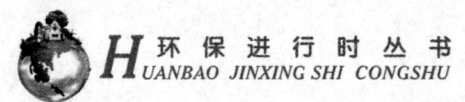

打造绿色出行的时尚

现代港口是水陆运输工具的汇集点，是交通运输的枢纽，它所担负的工作就更为繁杂。在一般情况下，港口所在地的规划建设部门要统一研究附近海、河岸线的充分与合理使用，由航务工程部门负责港区码头的勘测设计和施工，而港口机械制造部门则对码头泊位进行"武装"，配备上各种先进的装卸机械，使来港车船能在最短时间里将货物卸下或装上，以加速运输工具的周转。

二、水上漂，危害"飘"

水路运输空气的主要污染源有哪些？

水路运输对空气环境产生影响的主要污染源有：固体散货在港口装卸和储存过程产生的粉尘；石油、散装液体化学品在运输及港口转运和储存过程挥发的有机气体；燃油型港口装卸机械和船舶排放的大气污染物。

水路运输影响空气质量

1. **粉尘** 经水路运输的固体散货主要是煤炭、矿石（包括金属矿石和非金属矿石）和散粮。散粮的装卸工艺多为密闭装卸和筒仓储存，且运量不大，其粉尘产生量相对较小，因而煤炭和矿石装卸过程中的尘源是构成港口粉尘污染的主体。

港口煤炭和矿石码头装卸工艺主要由散货卸载、港内搬运、堆垛储存、装船和装车四个环节组成。每个环节均产生大量的粉尘，粉尘产生的主要部位为：

①翻车机、螺旋卸车机、链斗卸车机卸料；

②抓斗卸船机、链斗卸煤机卸料；

③堆场堆垛表面和道路；

④皮带机及各输送转运点；

⑤坑道；

⑥装船和装船机械装料；

⑦堆场堆垛及取料机操作。

煤炭和矿石码头的装卸工艺多为露天装卸和堆存，因此，各环节产尘的多少与落差点的高度、风速、散料的含水量、表面洒水量等有极其密切的关系。一般落差点越大，风速越大，表面洒水量越少，起尘现象就越严重。沿海新建和改建的大型煤、矿石码头一般拥有较为先进的装卸工艺和防尘设施，作业中粉尘发生数量相对较小。20世纪80年代前建成的码头，特别是内河一些中小型码头，设施比较陈旧，装卸工艺落后，粉尘污染较严重。

2. 船舶大气污染物 船舶大气污染物包括：易挥发有机化合物；船舶柴油机排放废气；冷藏船或船舶制冷设备的氯氟碳；灭火设备的卤素化合物等。

（1）易挥发有机化合物。易挥发有机物主要是液体散货在水路运输、港口装卸和储存过程中，从与空气环境连通处逸散进入空气环境。经水路运输的液体散货有石油、化工品和液化气三大类。其中石油的运量占整个液体散货的70%以上。

（2）船舶柴油机排放废气。

船载灭火器

柴油机排放废气污染物可分为气态物质和颗粒物质两类。气态物质包括NO_X、SO_X、CO_X和有机化合物等,其中NO_X、SO_X是气态物质中的主要成分。颗粒物质包括炭粒、烟尘等。

(3)氯氟碳。氯氟碳是氟里昂族中的一大类,是含氯而无氢的氟里昂。由于船舶运输业日益繁荣,船舶制冷及空调技术得到普及,专业性的冷藏货船(舱)、冷藏集装箱船及液化气体船愈来愈多,这些冷藏装置一般都采用氟里昂制冷系统,在营运、拆装检修过程中常常有大量氟里昂气体泄漏排入大气。

(4)卤素化合物。卤素化合物(哈龙)如卤代烷烃1301、1211、2012等,自20世纪70年代以来,已逐步取代二氧化碳作为船舶灭火介质。一些易挥发的有机化合物如氯仿、四氯化碳等常用作某些机电设备的清洗剂。这些物质在使用过程中,不可避免地泄入舱室,最后逸入大气。

水路运输空气污染的影响有哪些?

1.对大气环境的影响 大气中的污染物能改变大气的质量和气候状况。煤炭(或矿石)颗粒物在大气中散射阳光,会使地面温度上升或降低;还会降低能见度;大气中细微颗粒物能作为凝结核使云量和降水增加,使雾出现频率增加和持续时间延长。SO_2和NO_X的化学转化生成的硫酸和硝酸微粒是造成酸雨的主要原因。船舶大量使用的制冷剂氟里昂可消耗大气中的臭氧量,使地球的臭氧层遭到破坏,从而产生温室效应,导致疾病传染、皮肤癌等的发病率增加。

2.对人体健康的危害 成年人每天约吸入10~20m^3空气,受污染的空气进入人体,可导致呼吸道、心血管、神经系统等疾病或其他疾病。在不利于污染物扩散的气象条件下,污染物短时间内可在大气中集聚到很高浓度,许多人因此患病甚至死亡。更多的情况则是人群长期受低浓度污染物的侵袭,体质下降或导致某些慢性疾病。

(1)煤(矿石)尘。煤炭(矿石)粉尘中较小的颗粒存在于上升气流和湍流中,并且在大气中沉降的速度很慢,特别是10微米以下的飘尘长期悬浮在大气环境中，这些细小的颗粒很容易被吸到肺里，引起呼吸道疾病。长期接触煤（矿石）粉尘，容易导致尘肺病的发生，使人体健康受到危害。

（2）船舶发动机排放废气。船舶发动机排放的硫氧化物中的二氧化硫，在大气中的浓度为几个ppm以下时，SO_2氧化成SO_3的量是极小的，若SO_2的浓度为5～30ppm时，在强的阳光下每小时可进行0.1%～0.2%的光化学氧化形成硫酸雾。

（3）挥发性有机物。挥发性有机物主要是碳氢化合物，有挥发性烃及其衍生物，还有多环芳烃等，挥发性烃与NO_X同是形成光化学烟雾的主要物质，在光化学反应中产生的衍生物如丙烯醛、甲醛等都对眼睛有刺激作用。多环芳烃中有不少是致癌物质，苯并芘就是公认的强致癌物。

船舶污染

3. 对植物的危害 大气污染物浓度超过植物的容忍限度，会使植物的细胞和组织器官受到伤害，生理功能和生长发育受阻，产量下降，产品品质变坏，群落组成发生变化，甚至造成植物个体死亡，种群消失。例如，逸散的煤（矿石）粉尘会覆盖住植物的叶片，因而减少了植物光合作用所需要的阳光，尘粒还会堵住叶子的气孔减少叶子的透气性，因而进一步削弱了植物的光合作用。微小的尘粒(5～10ppm)能通过气孔进入植物细胞，引起细胞组织坏死，使植物的生理机能受到严重影响，导致植物的生长减弱，抵抗病虫害的能力降低。

水路运输产生的大气污染物中对植物影响较大的还有SO_2和乙烯。硫是植物必需的元素，空气中少量SO_2经过叶片吸收后可进入植物的硫代谢中，如果SO_2超过极限值，就会引起伤害。典型的SO_2伤害症状出现在植物叶片的脉间，呈不规则的点状、条状或块状坏死区。刚刚完成伸展的嫩叶最易受到伤害。

挥发性有机物中的乙烯是植物内部产生的激素之一，在植物生长发育中起着极重要的调控作用，大气受乙烯污染，就会干扰植物正常的调控机构，引起异常反应，严重时会影响农业和林业生产。

4. 对社会经济的危害 煤炭（矿石）码头作业中产生的煤（矿石）粉尘沉降在居民区住宅、衣服和公共建筑上，会降低人们的生活质量。煤（矿石）粉尘在名胜古迹和风景区降落，会对历史文物和旅游事业产生不利的影响。大气中煤尘达到一定的浓度，还可能引起爆炸。此外，煤（矿石）及石油蒸发油气的逸散还会对能源资源带来不可低估的损失。

三、水运对环境的影响

油污染对水域生态环境的影响有哪些？

水路运输中产生的各类含油污水或事故性排放的石油进入海洋、内河等水域造成石油污染，会给水域生态环境带来严重的后果。这不仅是因为石油的各种成分都有一定的毒性，还因为它具有破坏水域生物的正常生活环境，造成生物机能障碍的物理作用。

1. 影响水生生物的生境 石油进入水域后形成的油膜隔绝了大气与水体的气液交换，且石油膜的生物分解和自身的氧化作用，消耗水中大量的溶解氧，致使海（河）水缺氧。油膜减弱了太阳辐射透入海（河）水的能量，影响海洋（河水）绿色植物的光合作用。另外海面油膜沾污海兽皮毛和海鸟羽毛，使它们失去保温、游泳和飞行的能力。

2. 使水生生物死亡 分散油和乳化油对一切海洋生物的影响都是致

命的,它们破坏海洋浮游植物体内的叶绿素,阻滞细胞分裂而使之大量死亡,从而破坏海洋生态系统的平衡。分散油和乳化油能引起鱼鳃发炎坏死,使鱼的循环系统产生紊乱。原油沉降于潮间带和浅水海底,使一些动物幼虫、海藻孢子失去适应的固着基质。黏度大的油分可堵塞水生动物的呼吸和进水系统,使之窒息死亡。据报道,现在我国长江"三鲜"仅有少量鱼,而鲥鱼已几乎灭绝,与海域及长江水的污染不无关系。

3.**破坏水产养殖业** 在水中含油浓度为0.01mg/L时,鱼类在一天内就出现油臭,食用价值降低;浓度为20mg/L时,鱼类不能生存。石油污染对鱼苗和鱼卵的危害更大,水中含油浓度为0.01mg/L时,畸形鱼苗可达23%~40%;

石油污染

0.1mg/L时孵化的鱼苗都有缺陷,存活期仅1~2天。石油及其产品对水域生物的化学毒性,依油的种类和成分而不同。通常是成品油毒性高于原油,低分子烃类毒性大于高分子烃。各种烃的毒性一般按芳烃、烯烃、环烃、链烃的顺序依次降低。

4.**破坏水域功能及景观环境** 石油污染还会破坏海滨风景区和海滨浴场,有时还会使海面着火。海洋如果受到石油严重污染,要经过5~7年的时间,海区生物才能重新繁殖起来。

生活污水对水环境质量的影响有哪些?

1.**水体缺氧及其影响** 生活污水中的碳水化合物、蛋白质、油脂、木质素等有机物排入水体后,在微生物的作用下最终被分解成简单的二氧化碳和水等无机物质。有机物在分解过程中需要消耗水中大量的氧气,使水中溶解氧减少，影响鱼类和其他水生生物的生长。充足的溶解氧是鱼类生活的必要条件，在鱼类中只有少数种类，如乌鳢、鳝鱼、泥鳅等，必要时可以利用空气中的氧以外，绝大部分鱼类只能用鳃呼吸溶解在水中的氧气以维持其生命活动。水中溶解氧低于4mg/L时鱼便难以生存，缺氧严重时厌氧微生物繁殖，分解有机物产生甲烷、硫化氢等有毒气体及产生恶臭，更不适于鱼类的生存繁殖。

2. **水体富营养化及其影响**　　生活污水给受纳水体造成的另一个问题就是富营养化。生活污水中含有氮、磷等基本元素的简单分子及其营养物，排入水体后，水体中植物营养物质增多，使某些藻类过度繁殖，而藻类的种类则逐渐减少。随着富营养化的发展，水体中的藻由以硅藻和绿藻为主转为以蓝藻为主。蓝藻不是鱼类的良好食料，而且有一些种类有毒。尤其是藻类过度生长繁殖，将造成水中溶解氧的急剧变化，藻类的呼吸作用及死亡藻类的分解，在一定时间内使水体严重缺氧，从而严重影响鱼类生存甚至死亡。

3. **水中病原体及其影响**　　生活污水还常常含有各种病原体，如病毒、病菌、寄生虫等。受纳水体受到病原体污染后，会传播疾病影响人们的身体健康。历史上流行的瘟疫，有的就是水媒型传染病，如1848年和1854年英国两次霍乱流行，各死亡约万余人；1892年德国汉堡霍乱流行，死亡7500余人，都是由水污染引起。由水体引起的传染病主要有病菌引起的痢疾、伤寒、副伤寒、霍乱、副霍乱等；由病毒引起的疾病有小儿麻痹、传染性肝炎等；其他病原体引起的疾病有姜片虫病、血吸虫病、阿米巴痢疾、钩端螺旋体病等。

含煤（矿石）污水对水环境的影响有哪些？

1. **影响底栖生物的生境煤（矿石）**　　码头作业过程产生的含煤（矿石）污水进入水体，其中粒径大的将很快沉入水底，其余部分将在水体中形成悬浮物质。沉于水底的煤（矿石）微粒将原有底质层覆盖，改变了底栖生物的生存环境。对于生活于原底质表层的动物，如虾类会因缺氧窒息而死亡；对于常年生活于底质内部的种类，如沙蚕、有壳软体类中的大部分仍能生存；对于活动能力较强的种类，如虎鱼、短蛸等因受到惊扰后，将迅速逃离受污染的区域。

2．影响水体的自净能力 悬浮于水体中的煤（矿石）微粒造成局部水域的浊度增高，上层水中的悬浮颗粒会迅速吸收光辐射能，使能进行光合作用的水体深度减少，从而降低水体的自净能力，使水中溶解氧水平下降。

运煤船对水环境构成威胁

3．影响水域的生产力 水体的浑浊使透明度下降，对浮游生物的光合作用产生不利影响，进而阻碍浮游生物细胞分裂和生长，导致受污染海域内初级生产力水平下降。

悬浮于水中的煤（矿石）微粒，若进入动物的呼吸道，将阻塞游泳动物，如鱼类的鳃组织造成呼吸困难。某些滤食性动物，只有分辨颗粒大小的能力，只要粒径适合就会摄入其体内，如果吸入的是悬浮物，有可能因饥饿而死亡。一些靠光线强弱变化进行垂直迁移的浮游动物，如桡足类因水体的浑浊会打乱其迁移规律，影响其生活习性，进而影响其正常的生长、繁殖。

含化学品污水对环境的影响有哪些？

大多数化学品进入水体后的污染特征是对生物的毒性危害。其对生物或人体产生的毒性危害一般可分为急性、亚急性、慢性和潜在性等几种。水体受化学有毒物质污染后，人们通过饮水或食物链可能引起急性或慢性中毒，对人体健康产生危害，如甲基汞中毒（水俣病）、镉中毒、砷中毒、铬中毒、氰化物中毒、农药中毒、多氯联苯中毒等。铅、钡、氟等也能对人体造成危害。

某些有致癌作用的化学物质，如砷、铬、镍、铍、苯胺、苯并芘和其他的多环芳烃、卤代烃污染水体后，可以在悬浮物、底泥和水生生物体内蓄积，长期饮用含有这类物质的水，或食用体内蓄积有这类物质的生物就有可能诱发癌症。

四、水运节能——亟待破解的难题

节能降耗已上升为基本国策，受到党和国家的高度重视。"十一五"期间，交通系统节能降耗的工作重点是：加紧研究制定《交通行业节能中长期规划》，明确交通行业节能工作的目标、任务、实现途径和保障措施，并将有关节能指标纳入到交通行业发展规划中，指导交通行业的节能工作；制定交通行业能源消耗统计及分析方法和交通行业能源消耗统计报表制度，统一方法与手段，使统计数据能够比较准确并具有可比性，为制定具体节能政策、措施提供数据支持；研究探讨建立交通行业耗能装备的行业准入制度的可行性，从源头上控制高耗能高排放设备进入交通行业；开展交通企业节能示范活动，以点带面，进一步推动交通企业节能工作向纵深发展，全面提高交通企业节能降耗水平。

交通水运行业要实现节能降耗的重大突破，还急需解决八大问题。

1. 节能管理机制不协调、不健全　随着交通行业体制改革和政府职能的转变，原有的交通节能管理模式已不能适应新形势的需要，而行之有效的节能管理模式尚未形成，这种管理缺位的状态，表现为交通行业省级以下交通主管部门无专职节能管理机构，使得国家、行业相关节能文件不能得到充分贯彻、落实。另外，交通水运行业节能服务体系建设滞后，人员设备资金严重不足，节能专业技术人才流失现象严重，虽然交通部已开始重新布点，努力构建节能服务体系网络，但是要使水运行业节能服务体系有效发挥作用，还有待时日。

2. 运力结构调整缺乏适应市场经济体制的激励政策和手段 实施运力结构调整是水运行业节能降耗的一项重要举措，主要表现为船舶向大型化、专业化、标准化方向发展，提高船舶吨位，从而大大降低燃油单耗，但实施过程中缺乏适应市场经济体制的激励政策和手段。以重庆港航行政部门推行船型标准化为例，该辖区现有4000多条船舶，标准化船舶仅占20%左右，还存在数以千计的大马力、低吨位船舶急需淘汰、拆解，但由于缺乏必要的资金支持，使得内河船型标准化工作推行起来困难重重。

3. 节能基础工作薄弱 水运行业能源消耗统计、标准制定及节能研究等节能基础工作比较薄弱，不仅造成政府宏观节能决策缺少必要数据支持的局面，而且节能监管也缺少技术标准支撑。从调研情况来看，交通水运行业能源标准体系尚未建立，部分急需的能耗统计、能耗限额标准尚在制定中，需要尽快加以完善、实施。

4. 固定资产投资体制不利于节能降耗 目前，从交通水运行业固定资产投资审批制度来看，规模大的港口投资项目需国家审批，规模小的港口投资项目由地方核准。这种政策反映出我国行业投资管理上存在"控大放小"的倾向，不利于从源头把住节能关。

5. 能耗增长源头控制尚不完善 交通水运行业尚未建立起限制高耗能设备进入水运行业的准入机制，使交通水运行业能耗增长的源头没有得到有效地控制：航运上，新建船舶及购置的二手船投入运营没有经过必要的节能审查；港口上，新建工程及改扩建工程节能评估制度也没有得到充分贯彻执行。上述现象出现的原因是多方面的，但造成的后果是客观存在的，如果不采取有效措施加以扭转，其结果必然是再走"先浪费、后治理"的老路子。

6. 现代化综合物流体系急需建设 从节能角度来看，在内河运输上，分节驳运输是一种非常节能的运输方式，但是近年来，多数航运公司采用的是自航船运输而不是分节驳运输，原因在于市场经济条件下，航运公司间相互竞争，货源有限，没有适合分节驳运输的大宗货物。水路运输企业

如果优化、整合，搞集约化、规模式经营，就能够合理调配运力、货源，自觉采用先进的运输方式，提高船舶实载率，从而大大降低运营成本，节能降耗。

7. 基础设施建设需加大力度 水运行业基础设施建设相对处于滞后状态。以重庆辖区为例，目前长江干流已得到治理，但乌江仅能通航350吨以下的船舶，干支联动效应得不到充分发挥，辖区地处长江上游，码头建设由于成本高，进展较慢。如果通过综合规划建设，就能充分发掘出水路运输运量大、能耗低、污染轻的优势，对交通行业做好节能减排工作起到重要作用。

8. 节能信息服务需要加强 目前，市场上节能产品种类繁多，水运企业难以通过市场筛选到可靠的节能技术、产品。

那么破解目前的水运难题的有效措施有哪些？

首先，要从建立健全水运行业节能管理体系、强化行业管理着手，理顺交通部能源管理部门与地方能源管理部门的关系，建议国家能源管理部门赋予交通部能源管理部门行业管理的权力，在此基础上，建立健全交通各级能源管理机构，并制定相应的规章政策，形成管理顺畅、机制严密、考核到位的节能管理体系。

其次，要研究并实施适应市场经济体制的激励政策和手段，如减免税费等，利用"经济手段"这一无形之手，加快内河船型标准化进程，促进运力结构调整，同时引导水运行业积极主动采用节能新技术、新产品。

最后，交通水运行业要加快实现节能降耗，还要从下面几点入手：投入资金，加强节能基础工作，加强交通水运行业节能降耗基础性、前瞻性、战略性研究，尽快构建交

发展节能水运

通水运行业能源标准体系，制定实施交通水运行业能耗统计标准、能耗限额标准；严格执行固定资产投资项目节能评估制度，设立行业能效准入门槛，从源头把握住港口节能关，有效控制装卸工艺落后、能耗高的港口建设项目，新建船舶及二手船的节能审查制度也应逐步加以推行；加大基础设施建设力度，加强水运资源综合利用，合理规划，加大内河航道整治力度，全面改善航道等级结构，形成以高等级航道为主体的层次分明、干支相通、通江达海的航道体系，促进内河水运发展；加快水运行业节能技术服务中心重新布点建设的步伐，投入资金、重点扶持，尽快形成网络，充分发挥其桥梁、纽带作用；加大宣传，树立典型。

五、低碳交通，节能水运

水路货运节能存在的问题有哪些？

（1）船舶种类复杂，设备型号繁多；

（2）运营船舶老化严重，十年以上船舶仍为运输主力军；

（3）所用的燃油品质偏高，燃油基本上黏度为1000~1500mPa/s；

（4）没有燃油能耗统计，大部分企业能耗统计仅做成本核算用，部分小企业根本没有燃油能耗统计；

（5）体制改革后，船舶买卖频繁，中小型企业很难注重节能技术的应用，政府推行节能难度较大；

（6）企业效益好的时候不考虑节能问题，效益不好时又没有能力进行节能投入；

（7）节能手段较少，并且不能充分发挥节能效果；

（8）内河船舶难以保证往返都能载运货物，大部分情况下都是空载返航。

营运船舶可采用的节能方向有哪些？

(1) 优化船舶航行决策，优化货源组织及营运管理；

(2) 加强船舶主动力装置的技术改造以及维护保养，提高动力装置的效率；

(3) 动力装置故障诊断及维修计划预报；

(4) 规定采用经济航速，实施船舶减速航行技术；

(5) 用重质燃油替换优质柴油。

新建船舶应考虑采用的节能技术有哪些？

(1) 采用合理的船体结构设计；

(2) 采用风帆助航；

(3) 选用节能环保型柴油机；

(4) 选用近年开发的新型高效螺旋桨；

(5) 选用正反转螺旋桨；

(6) 船体、主机和螺旋桨三者合理匹配；

(7) 改进船体线形，选用合适的节能附件。

(8) 选用轴带发电机等节能机电产品。

实施水运节能的保障措施有哪些？

1. **深化科技体制改革，建立和完善港航创新体系** 按照科学发展观的要求，更新发展理念，加速科技成果转化，逐步建立机制灵活、运转高效的港航科技创新体系。

2. **建立科技投入稳定增长机制，增加对水运的科技投入** 确立交通主管部门在科技投入中的主导地位，建立稳定的交通科技资金渠道，充分利用市场机制，扩大交通科技投入来源，鼓励吸引社会资金投向港航研发领域，引导企业积极投入科技创新活动，多渠道增加科技投入。

3. **实施"人才强交"战略，建设高素质港航科技队伍** 抓好人才培养、吸引、使用三个关键环节,发挥市场在人力资源配置方面的基础性作用,建设数量充足、结构合理、素质优良的科技人才队伍。

4. **加快基础条件建设,提高管理水平** 以水运科研基础设施建设为重点,以推进水上运输信息化为切入点,建设资源共享、服务优质的科技信息平台。

5. **分阶段、分区域、分船型推进节能规划目标的实施** 根据节能中长期规划目标,制定出阶段目标,并针对不同航区(内河与沿海)给出相应的标准,对于不同船型给出不同的节能措施与途径。

6. **加强培训与宣传力度,增强全员节能意识** 针对各地区港航管理人员及从业人员现状,制订培训计划,分层次、分阶段、分类别进行全面培训;引进激励机制,形成全员节能的强烈意识,共创节约型社会。

7. **大力提高水运节能的研究与开发水平** 关注国际、国内节能技术发展动态,在科学研究、技术开发、标准制定、科技信息、人才培养等领域开展卓有成效的工作,发挥后发优势,实现水运节能技术跨越式发展,为水路运输全面、协调、可持续发展提供强有力的支撑和保障。

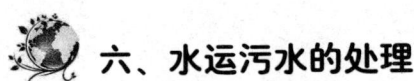

六、水运污水的处理

含油污水的处理技术有哪些?

目前对于含油污水已研究和开发出多种处理方法。根据方法原理不同,常用的有重力分离法、气浮法、粗粒化法、生物法、过滤法、吸附法等。

1. **重力分离法** 该法是利用油与水之间的密度差异从水中去除油的方法。常用的构筑物有平流式隔油池(API)、波形斜板隔油池(CPI)、平行斜板隔油池(PPI)和斜管式隔油池(MWS)等。重力分离法一般作为含油污水的预处理或初级处理应用。

2. **气浮法** 气浮法是将空气打入油污水中，使污水中乳状油粒黏附到空气泡上，随气泡上升到水面，形成浮渣而去除。根据空气加入的方式不同，浮选设备有加压溶气浮选池、叶轮浮选池、射流浮选池等。为了提高气浮法除油效果，有时向污水中投加混凝剂，除油效率可达80%～90%。

3. **粗粒化法** 利用油水两相对聚结材料亲和力的不同，使微细油滴聚并为大油滴从水中上浮去除的方法。粗粒化材料常选用亲油疏水的纤维状或管板状材料，如聚丙烯、涤纶、尼龙、聚苯乙烯、聚氨酯等。该法可将水中5～10微米的油珠完全分离，具有效率高、设备少、结构简单等优点，是船舶油污水处理的主要方法之一。但存在着聚结材料堵塞，需常更换的缺点。

4. **生物法** 利用微生物的作用，使污水中呈溶解和胶体状态的有机污染物进行分解，转化为无害物质的方法。生物处理法有好氧处理法和厌氧处理法两种。

由于好氧微生物对油的分解能力受水中溶解氧浓度限制，一般用于较低浓度的含油污水处理。厌氧微生物的分解能力强于好氧微生物，比较适

船舶溢油应急机制

合较高浓度的含油污水处理，但反应速率慢，需较长时间反应。厌氧法和好氧法相结合是处理高浓度有机物废水的有效方法。

5. **过滤法**　过滤法是使含油污水流过颗粒介质滤床，利用惯性碰撞、筛分、表面黏附、聚并等作用，把微小油滴截留在过滤介质表面，聚集成大油滴上浮分离的处理方法。常用滤料有石英砂、无烟煤、高分子化合物、玻璃纤维等。经过滤处理后含油浓度可由 30~100mg/L 降到 7.5~10mg/L。

6. **吸附法**　利用多孔固体吸附剂对含油污水中的溶解油及其他溶解性的有机物进行表面吸附，使其与水分离的方法。吸附过程存在一定的限制，吸附剂饱和后需对其进行再生或补充、更换。活性炭是最常用的吸附剂，吸附效果好，经活性炭吸附后出水的含油量可在 5mg/L 以下，但其价格较贵，再生复杂。

综上所述，目前还没有任何一种方法对含油污水存在的各种形态油都能很好地去除，并能有效适应水质和水量的变化。实际工作中必须将上述方法进行有效组合，通过多级处理方能达到处理效果。

生活污水的处理技术有哪些？

生活污水通常采用好氧生物法进行处理。常用的好氧生物处理法有活性污泥法和生物膜法两种。活性污泥法是使微生物群体在反应器（曝气池）内呈悬浮状，并与废水接触而使之净化的方法。生物膜法是使微生物群体附着于其他物体表面上呈膜状，并让它与废水接触而使之净化的方法。生物滤池、生物转盘、生物接触氧化法等方法均属于生物膜法。下面介绍生活污水常用的处理方法与设施。

1. **氧化沟法**　氧化沟法是活性污泥法的一种。采用延时曝气原理，其曝气池呈封闭的沟渠形，污水和活性混合液在其中不断循环流动，因此被称为氧化沟。氧化沟工艺具有对进水负荷的变化适应性强，运行较稳定，污泥不易膨胀，剩余污泥量少，并兼有无机氮、磷的控制作用，出水水质较好等特点，较适合港口小型污水的处理。青岛港前湾港区生活污水处理

设施就是采用氧化沟工艺，全套设施由丹麦进口，自1993年投入运行以来，设备运行稳定，出水中污染物平均COD为40mg/L，氨氮约2mg/L，SS仅在10mg/L以下，满足我国污水综合排放标准的要求。

2. SBR法　SBR法是一种间隙操作的活性污泥法。它是将进水、反应、沉淀、排水和闲置五个基本工序集于一个反应器中，周期性地完成对污水的处理，在我国通常被称为序批式活性污泥法。SBR法的运行周期、各阶段的安排和组合、反应器内混合液体积等工况，可以根据污水水质、水量和出水水质要求等灵活掌握，具有操作简单，易于实现自动监测、遥控操作，还具有自动运行、运行稳定、灵活、处理效果好等特点，也是港口常用的一种生活污水处理方法。

3. CSWA系列处理装置　CSWA系列生活污水处理装置，是采用生物接触氧化法和物理消毒法相结合的方法制造而成的装置，是将含生活垃圾的污水粉碎、接触氧化、沉淀、消毒合为一体的定型生活污水处理设备，用来处理船舶生活污水以及其他生活污水。

集装箱洗箱水的处理工艺有哪些？

集装箱洗箱废水污染物的成分和浓度受货源、货种、包装、清洗用水量等因素的影响，具有成分复杂、数量小、浓度低等特点。洗箱污水一般采用分类清洗，不同类型污水采用不同的处理工艺，通常有以下几种：

（1）杂货、食品、冷藏箱的集装箱及含有动植物油类的洗箱污水，采用絮凝气浮法处理；

洗箱污水处理装置

(2) 含剧毒品氰化物废水，采用在碱性条件下加次氯酸钠氧化的方法处理；

(3) 含重金属类废水，采用氢氧化钠沉淀法处理；

(4) 含酸碱类废水，采用中和法处理；

(5) 含有机毒物类废水，采用絮凝气浮、活性炭吸附、离子交换等方法处理。

目前我国大多数集装箱码头设有洗箱污水处理装置。各港设施有所不同，其基本原理大体一致。

含化学品污水的处理工艺有哪些？

含化学品污水按《MARPOL 73/78附则Ⅱ》的要求，由港口接收分类储存后，在有条件时送至生产该类有毒液体物质的工厂，或送处理该类有毒液体废水的处理站处理。在我国通常是在港区建设相应的污水处理设施。

含化学品污水由于其品种繁多、成分复杂、污染物浓度高及处理难度大，所以必须根据各种化学物质的性质，分别采用不同的方法予以去除。如去除悬浮颗粒、油类物质可采用过滤、粗粒化装置、混凝、气浮、吸附等方法；去除溶解性有机物可采用汽提、生物法、吸附、氧化还原等方法。

随着散装液体化学品运输的发展，西安公路交通大学（现长安大学）开展了港口化学品污水处理的研究，并被列为全球环境基金研究项目。该研究结果提出了一套港口化学品污水综合处理的技术路线，即对港口运输的A、B、C、D各类化学品液化船的洗舱水接收后，从污水处理角度按有机物和无机物、可溶于水和难溶于水、可生物降解和难生物降解进行再分类，分别输入不同的储罐储存，分类进行处理。对于酸、碱类无机化学品采用中和处理的方法；对于有机化学品75%以上的化学品是可以被生物降解的，某些难降解的有机物只要控制处理水中的浓度低于微生物毒性的抑制浓度，生物也能将其分解去除，因此有机废水通常采用生物法处理，对

少量不可生物降解或剧毒化学品则采用氧化还原法处理,再经活性炭吸附过滤去除。

该研究对预处理后的含化学品污水进行了多种生物处理工艺的研究,通过比较推荐采用SB/CO和SCO生化反应系统。

1. SB/CO生化反应系统　SB/CO系统主要由序批式反应器(简称SBR)与生物接触氧化反应器(简称COR)组成。SBR法去除有机物的基本原理与普通活性污泥法相同,不同点只是将普通活性污泥法的反应和污泥的絮凝沉淀集于一体,在一个反应器中有秩序按周期地进行。COR工艺是在反应器内设置软性填料,污水从反应器底部流入充氧,充氧的污水浸没全部填料,并以一定的流速流经填料,与填料上生物膜相接触,从而使有机物氧化分解。在SB/CO系统中有机物主要是在SBR中去除。

2. SCO生化反应系统　SCO系统是由多个生物接触氧化器串联组合而成的,是生物膜法的一种形式,但该系统在污水充满反应器后同时还进行鼓风曝气,因此又与活性污泥法相类似。

宁波港液体化工储运码头是我国沿海第一个散装液体化工码头,运输的化学品主要为苯类、醇类、酸类、酮类、酯类等,化学品污水COD浓度约为3000~10000mg/L,目前采用SB/CO生化处理系统,经几年的运行表明SB/CO污水处理系统运行灵活可靠。耐冲击性强,可处理高浓度、多品种混合化工污水,进水COD可达2500mg/L,出水小于150mg/L,去除率达92%以上。

化学品码头

含煤（矿石）污水的处理指标是什么？其处理工艺有哪些？

含煤（矿石）污水的主要处理指标是污水中的悬浮物，污水中所含悬浮物主要是煤粉（矿石粉）和泥沙。含煤（矿石）污水经堆场等处理沟或渗沟等收集后，利用其密度与水的差异性，使密度大的颗粒沉淀下来达到清理的目的。

为了节约水资源，特别是北方水资源紧缺地区，需考虑处理后的污水回收利用。对于含煤（矿石）污水的处理一般采用沉淀、混凝的处理工艺，进一步提高处理效率，以作为防尘用水。由于污水临界凝聚浓度和临界稳定浓度都与pH值有关，所以在投加絮凝剂处理含煤（矿石）污水时必须对污水的pH值进行适当控制（一般在5～10.5之间），以使污水处理得到较好的处理效果。此外，煤（矿石）堆场的污水量大而不均，因而在污水处理中一般设有调节池，更好地使设施处理污水。

目前，国内对于含煤（矿石）污水处理也有定型一体化煤水分离器（BM-75型）。该分离器为圆形反应罐和蜗轮杆搅拌系统及斜板沉淀池几部分组成，含煤（矿石）污水经调节池到煤水分离器，并通过投加混凝剂，使煤泥分离出来。我国黄埔西基煤码头污水处理系统就采用了这种设备，处理效果较好。

疏浚悬浮物的防治措施有哪些？

目前，国内外防止疏浚物环境影响采取的防治措施大致可分为：控制疏浚悬浮物的发生数量；减少疏浚悬浮物的扩散；促使悬浮物沉降；选择合理的挖泥工艺；选择合理的倾倒区等。

1. 控制疏浚悬浮物发生量的措施

（1）选择悬浮物发生量少的疏浚设备。港池、航道挖泥引起的泥沙再悬浮强度与疏浚的方式、疏浚区的地质情况、水域水文状况等因素有关。选择产生较少疏浚悬浮物的施工设备，是控制疏浚作业对水域环境影响的有效手段之一。各种疏浚设备中绞吸式挖泥船、抓斗挖泥船的疏浚悬

浮物发生量相对较少。

（2）精确定位，减少超挖泥量。施工中采用DGPS定位系统，准确确定需开挖航道的位置，可以减少疏浚作业中不必要的超挖泥量。

2. 减少疏浚悬浮物扩散的措施

（1）增设泥浆旁通装置。自航耙吸式挖泥船疏浚作业开始后，泥浆进入泥舱，粗颗粒泥沙沉入舱底。为增加挖泥船的装泥量，提高其挖泥效率，降低疏浚的费用，耙吸式挖泥船的船体两侧设有溢流口，当泥浆量超过两侧溢流口时，稀泥浆即从溢流口溢出，此环节对施工区周围水域环境影响较大。增设泥浆旁通装置，使船舷两侧溢流口位于水面下，以及减少溢流时间，均可降低泥浆的影响。

（2）吹填区选择合理的溢流口位置，控制泥浆浓度。采用吹填造陆的方式处理挖掘的疏浚泥时，疏浚泥进入吹填区后，同样是粗颗粒泥沙沉入吹填区底部，稀泥浆则从设置的溢流口流出。为减少溢流悬浮物对水环境的影响，溢流口的位置应设在污染物扩散条件好、对敏感点影响小的地方，同时可在吹填区设置隔池，以增加稀泥浆在吹填区的停留时间，促使悬浮物进一步沉降，达到控制溢流口泥浆浓度的目的。

（3）挖泥船到位倾倒。采用水下倾倒方式处理疏浚泥时，挖泥船必须到设定位置抛泥，这也是减小疏浚悬浮物影响水域环境的措施之一。

3. 促使悬浮物沉降

（1）防污膜迫降。用防污膜将挖泥船围起来，迫使悬浮物在膜内沉降，使悬浮物的影响范围控制在防污膜内。

（2）凝固剂。使用凝固剂是利用化学方法将悬浮物凝成块，从而加速其沉降，减少影响范围。

选择合理挖泥工艺

4. 选择合理的挖泥工艺 选择合理的挖泥工艺包括挖掘方式和疏浚泥的处理方式。选用吹填造陆处理疏浚泥对环境影响较小，在已选好的吹填区采用比较合理的挖泥工艺（如绞吸式挖泥船），用输泥管输送泥浆。

5. 科学合理地选择倾倒区 倾倒区的选择从以下几方面考虑，使其达到科学合理、经济、安全：

(1) 最大限度地避开敏感区；

(2) 选择在沉降型的低能海区；

(3) 选择在海洋环境处于正常状态的海区；

(4) 选择在海底生物匮乏的海区；

(5) 选在不影响航道、锚地，倾倒作业方便安全的海区；

(6) 选在距挖泥区较近的海区；

(7) 选在经济上较省的区域。

七、港口码头的防尘技术

港口码头（矿石）粉尘污染的湿法防（除）尘技术有哪些？

国内外对于煤炭、矿石等散货专用码头作业中的粉尘污染的防治，一般都采用以防为主，以治为辅的原则，力求从根本上抑制尘源的产生和扩散。防尘处理技术基本上可分为湿法、干法和其他机械物理方法三种方式。

湿法防（除）尘主要是对尘源喷雾洒水或喷洒化学药剂，以增加粉尘颗粒的黏滞性和重量来消除或防止起尘。湿法防（除）尘具有操作简单、运转费用低、抑尘效果好的优点，为国内外专业煤（矿石）码头防尘处理的主要手段。国内常见的湿法防（除）尘方法如下。

1. 喷雾洒水 喷雾洒水降尘技术可应用的尘源位置为：料场堆料表

港口除尘

面、翻车机翻转卸料及漏斗、堆取料机卸料点和斗轮机喂料点、抓斗抓取落料点及漏斗、皮带输送机转换落点、港内道路及靠船码头、料车坑道卸料口、装船机落料口等。

因各港装卸工艺不同，主要产尘位置不一定各港皆有，但煤（矿石）堆及落料处是共同的，因此散货港口主要在堆场场地及落料处喷水降尘。

堆场喷雾洒水有固定自动（或手动）喷雾洒水及流动喷雾洒水两种方式。固定喷雾洒水设备的自动化程度高，可根据堆场面积、堆取料机轨道高度等确定喷洒设置的安装位置、高度、间距及仰角，根据喷头射程的要求选择供水压力，由电脑控制自动（或手动）定点喷洒水，具有很好的防尘效果和使用效率，但其初始建设费用较高，冬季寒冷时可能冻坏管路，北方地区需考虑设泄空装置。

机械或人工流动喷洒水设备使用灵活，不受自然条件限制，局部防尘效果优于定点喷洒。适用于一些中小型港口堆场的防尘，但其整体防尘效果远低于定点自动喷洒。

喷雾除尘的效果与水的雾化程度有很大的关系，要求水雾的水滴与粉尘颗粒更好地结合，以增加粉尘重量和微粒相互黏结，达到迅速沉降，水雾粒径与颗粒相等或接近最为理想。水滴太大，粉尘会绕过水滴而不能结合，水滴太小易蒸发而起不到降尘作用，实践表明水滴直径40～50微米为最佳。

用水作为防尘黏结剂只有暂时效力，间隔一定的时间必须重复洒水，使堆场表面煤炭含水量始终保持在6%～8%，以达到控制起尘量的目的。喷洒水量应根据货种特性、气象等条件确定，一般洒水强度可取每次$2L/m^2$，每天洒水3～5次。

2. **煤车注水** 煤车注水防尘，目前主要应用在防止螺旋卸车机的装卸作业起尘。一般在煤车进港列车编组时抽查含水率，当达不到防尘要求时，使用注水机向煤车注水，保持煤炭具有6%~8%的含水

营造防风林带

率。但同样存在冬季防冻问题，同时注水量不易控制，作业时有少量煤散落在轨道上。

3. **喷洒防尘剂** 防尘剂分为黏结剂和浸润剂两类，它们都是合成的液体化学药剂。黏结剂与水以一定的比例混合后，喷洒到易起尘的物料堆上，数小时后，由黏合在一起的粒子组成一层薄而多孔的壳层覆盖在料堆的表面，既可防止煤或矿石堆表面因风力作用起尘，又可防止堆垛斜面的陷塌，具有长时间抑尘的效果。我国冶金化工电力行业的煤炭堆场使用了黏结型防尘剂效果较好，但对于港口煤（矿石）堆场，因装卸周期较短，其使用成本较高。因此，防尘剂的性能、使用方法等尚需进一步改进。

在喷洒水中加入一定量的浸润型防尘剂，可使水的表面张力大大降低，从而提高了水对尘粒的亲和力和渗透作用，达到防尘、抑尘的效果。特别是对于不易被水沾湿的煤（矿石）接触到这种防尘剂后，提高其表面的亲水性，使水及时浸透煤（矿石）层。

港口、码头煤炭（矿石）粉尘污染的干法防（除）尘技术有哪些？

干法除尘是将重点产尘部位尽可能封闭起来，同时辅以一些集尘机械装置，该方法在我国港口煤炭、矿石的中转作业防尘措施中占有了一定的比例。常见的干法除尘措施如下。

1. **密封构造** 将容易产生粉尘的部位用防尘罩、防尘帘围起来，控制

尘源的扩散，这是装卸作业防尘常用的方法。我国煤炭、矿石码头的翻车机房、高架皮带输送廊道、皮带机转接点、装车楼等均采用了封闭或半封闭式的结构，在一定程度缓解了粉尘污染。

2. **集尘装置** 某些产生粉尘的部位完全封闭有困难时，结合利用集尘装置，将飞散的粉尘吸入装置内，经除尘处理后把空气排入大气，粉尘回收利用。港口煤炭（矿石）码头集尘装置一般用在皮带机转运处、火车卸车机受料斗、装车楼等处。集尘装置通常采用过滤式、离心力式或静电式除尘器。

3. **覆盖与压实** 对于一些小型码头堆场，运煤卡车或火车等均可采用这种方法。覆盖既可以防止煤堆或矿石堆表面在风力作用下起尘，又可以防止雨水径流的污染。对于运输车辆，可以有效地消除粉尘和物料的撒落，但对于周转作业频繁的大型堆场，实施非常困难。使用专门的机械在车辆装载或堆放过程中进行压实，使堆垛表面形成不易被风吹蚀的表面，也是一种经济适用的防尘手段。

港口、码头煤炭（矿石）粉尘污染的其他机械物理除尘方法有哪些？

1. **设置防风网** 在煤炭、矿石堆场或港口整体区域布设防风网，通过防风网改变堆场上空的风压，使其风速流线形式发生显著变化，网后的风速明显降低，减至煤（矿石）堆的起尘风速以下，从而抑制和减缓堆场和生产作业中起尘。

防风网的防尘效果与防风网的形状、防风网的层数和防风网开孔率的结构以及防风网的设置方式、设网高度和防风网与堆垛的距离等有着密切的关系。根据日本、美国和国内的资料，合理设置防风网其综合防尘效率接近80%，这对解决我国北方港口冬季防尘问题具有很强的针对性。

目前我国在防风网的研究上已取得不少经验。由于防风网工程一次性投资费用很高，其工程设置必须结合各港的地理位置、自然条件和生产设施全面规划。目前，防风网有些工艺上的技术参数尚需进一步研讨。

营造防风林带

2. 营造防风林带 营造防风林带的作用机理同防风网相似，即降低堆垛表面风速，减少堆垛和装卸中的起尘。一般防风林带的宽度不能少于5～10米，成林后的树木高度应不低于堆垛高度，林带应布置成透风、半透风式，可以设在堆场四周，也可以建在堆场和居民区之间。

八、怎样来解决水运噪声

水路运输噪声污染源主要有哪些？

水路运输噪声污染源主要分为港口噪声源和船舶噪声源。

1. 港口噪声源 港口噪声源主要来自装卸机械、辅助机械、机修等设备产生的机械噪声；集疏港汽车、火车、船舶的交通噪声。

港口装卸机械一般有门机、抓斗、皮带机、推扒机、起吊机械、铲斗车等，主要集中在港口，码头的前沿地带。港口码头与后方居民区距离一般均不少于200米。通常因港口类型不同，装卸工艺及机械设备不同，港内库场建筑物、构筑物、绿化带、防护林等围隔降噪设施不

码头噪声源多而杂

同，港口的噪声和暴露情况各有差异。经测量，港内距噪声源200米处环境噪声级，白天连续作业时LAeq=40~60分贝；码头正常作业白天为80分贝左右。某些港口边界处，港外噪声级大于港口噪声级。

辅助机械主要有空压机、发动机、鼓（引）风机、除尘风机等，这些设备的噪声值一般较高，约在82~97分贝。

2. 船舶噪声源 船舶噪声是交通噪声中比较突出的问题，噪声的主要危害对象是船员及旅客。船舶噪声主要来自主机、辅机、螺旋桨、推进系统的动力机械和泵、风机等辅助机械工作时产生的噪声，此外还有水动力噪声。

①主机噪声。船舶常用的主机是柴油机。柴油机的噪声主要是由气动噪声和机械噪声两部分构成。燃烧过程中气体在汽缸中产生声驻波，声压起伏通过换气过程等直接辐射并通过汽缸壁以结构声形式传播和辐射。燃烧过程中冲击波激励的机械振动通过活塞、连杆、曲柄轴传到柴油机构架上，并由曲轴箱、壳体等向外辐射噪声。

②辅助机械噪声。船舶辅助机械一般功率较小，噪声的强度也较低。但如果泵和风机等设备安装在临近驾驶室或客舱附近而不采取防噪措施，也会造成严重的噪声干扰。

③螺旋桨噪声。螺旋桨噪声是螺旋桨在不均匀流场中工作引起干扰力和螺旋桨的机械不平衡引起的干扰力所产生的旋转噪声。

④水动力噪声主要是由于高速海流的不规则起伏作用于船体，激起船体的局部振动并向周围媒质（空气、水）辐射的噪声。此外，还有船下附着的空气泡撞击声呐导流罩、湍流中变化的压力引起壳板振动的噪声（声呐导流罩内的噪声一部分就是因此产生的）等。

总体上，船舶噪声主要是来自机舱。机舱噪声级的大小与柴油发动机的转速；船舶吨位、马力大小和船舶长度；船舶总体布置和动力布置是否合理；柴油发动机及各动力设备的设计和加工质量；船舶的设计、建造质量和工艺水平等因素有关。

水路运输对声环境的影响有哪些?

港区的噪声源对附近周围的声环境有影响,船舶行驶沿线附近的声环境质量受到影响,使人们的生活质量和健康受到危害。

噪声级为30～50分贝是比较安静的正常环境。超过50分贝就会影响睡眠和休息,由于休息不足疲劳不能消除,正常生理功能会受到一定的影响。70分贝以上会干扰谈话,造成心烦意乱,精神不集中,影响工作效率,甚至发生事故。长期工作或生活在90分贝以上的噪声环境,会严重影响听力和导致其他疾病的发生。

轮机人员

据有关统计,我国船舶暴露于高噪声工作的轮机人员约占全船工作人员的1/3。因此,降低机舱内的噪声,做好机舱人员的个人防护,保护他(她)们的身体健康是一项十分重要的工作。

水路运输噪声污染的控制措施有哪些?

噪声的防治主要是控制噪声源和声的传播途径,以及对接收者进行保护。

1. 噪声源控制 降低声源的噪声辐射当然是治本的方法。控制港口和船舶的工作机械噪声及港口运输工具等的噪声,主要有两个途径:一是改进机械结构,提高其部件的加工精度和装配质量,采用合理的操作方法等,以降低声源的噪声辐射功率。在新建港口进行装卸设备选型时,选择低能耗与低噪声的设备。二是利用声波的吸收、反射、干涉等特性,采用吸声、隔声、减振、隔振等技术,以控制声源的噪声辐射。例如:港口的起重设备、油码头的输送泵等一般都进行减振的技术处理;油码头用的空气压缩机采用隔声、隔振、消声等处理,并修建单独的空压机房、输送泵房等。这些机房的外墙采用质量大而密实材料构筑,以阻隔噪声向外界的传播,同时室内采用高吸声材料消耗声能量。

对船舶机械噪声源的控制主要是:

①对主机、辅机等设备安装隔振器,改善机器的静力和动力平衡降低辐射噪声;

②机器的进气口、排气口加装消声器,并在机器上安装有吸声材料衬里的隔声罩,减少噪声向外的传播;

③对机舱内的各种管路接头尽可能采用柔性连接,在振动的板壳上采用阻尼处理。

船舶螺旋桨安装时注意其和船后壳之间的间隙,以减少激励船壳的力。加装螺旋桨导管可降低螺旋桨的振动和噪声,也可提高桨效。为减小螺旋桨的水下噪声还可对桨叶进行必要的加工,使涡旋振荡频率与桨叶固有频率错开,以消除桨鸣等。船舶设计时已考虑了船后体的形状,以改善伴流,尽量避免出现空化现象。

采用各种噪声控制方法,可以收到不同的降噪效果。如对柴油机、空气压缩机的进、排气管道加装消声器,可降低噪声10~30分贝;对油泵房的电机安装隔声罩,可降低噪声10~20分贝;整机振动加隔振机座,可降噪10~25分贝;机器部件振动使用阻尼材料,可降噪3~10分贝;管道振动采用包覆,使用阻尼材料,可降噪3~30分贝等。

2. 传声途径的控制 利用噪声在传播中的能量随着距离的增加而衰减,以及声的辐射一般具有指向性的特点,合理地规划港口各功能区。将人员集中的办公区和辅助建筑区安排在远离噪声源的地方,并在隔离带种植绿化林带,可以有效地降低噪声对人体健康的危害。

3. 接收者的防护 为了防止噪声对船员的危害,可采取下述防护措施:

①佩戴护耳器,如耳塞、耳罩、防声盔等,平均隔声可达20分贝以上;

②减少在噪声环境中的暴露时间。

第五章

交通节能就是低碳

一、交通行业节能减排措施与技术

交通运输业作为能源的主要终端用户之一，其石油消耗占全国石油总消耗的比重在15%左右。因此，交通行业节能减排的成效，对我国"节约资源、保护环境"的基本国策的贯彻执行具有重要意义。目前，我国交通行业在基础设施建设、运网结构、管理水平等方面还很落后，因此我国的交通节能减排工作要跟促进交通发展同步推进。

通过技术进步实现节能减排是当前工作的关键。研究分析显示，技术进步对节能贡献率达到40%~60%。交通行业涉及汽车、船舶、飞机、港口等各类现代交通运输工具与设备，应用到当前先进的科技产品，体现着现代工业的高科技水平，因此属于技术密集型行业。要提

节能减排 节约资源

高能源利用效率，缩小与国际先进水平的差距，必须依靠科技进步，不断增强自主创新能力。

当然，交通节能工作包括交通工具、交通站场、交通线路、交通调度各个方面，是一个系统工程。只有先进的交通工具，没有与之配套的交通站场、交通线路及调度等子系统，交通节能工作成效收效甚微；同样，尽管有先进的交通站场、交通线路，但交通工具不节能，交通调度不先进，整个交通系统就会存在较大的隐性浪费，交通节能的效果也就大打折扣。

交通节能包括陆路的汽车节能、火车节能；水路的内河船舶节能、远

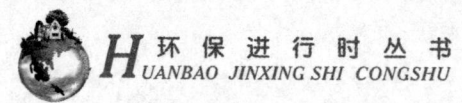

洋船舶节能；航空的飞机客运与货运节能。不同的交通工具，通过不同的交通路径及站场，为不同的需要提供各种交通运输服务。它们各自的能耗效率是不同的，不能简单地类比。因此，不同交通工具在进行节能工作时需要充分考虑各自的特点。

我国在2006年颁布的《中国节能技术政策大纲》中对交通运输节能工作的各个方面提出了要求：对于铁路运输，要求大力发展电力牵引；推广先进的电力牵引供电方式；合理发展内燃牵引；采用新材料、新结构提高国产机车、车辆的设计制造水平；铁路线路要发展重轨、无缝线路和超长无缝线路；改善运输组织，合理调配机车；发展直达运输和集装箱运输。对公路运输，要求提高汽车的技术、经济性能；发展使用节能型汽车；研究、推广现代化物流技术；完善城市交通体系，调整交通结构，优化交通流量；发展公交优先和交通智能管理技术；加快国家高速公路网的建设，增加高等级和等级公路的比重；统筹考虑路车关系，促进汽车运输节能；研究、完善汽车技术状况检查方法及实施车辆检测维护(I/M)制度，推广确有效果的汽车节能新工艺、新材料、新技术、新产品；推广汽车替代燃料技术；加强汽车驾驶员节能驾驶操作培训。对水路运输，要求开发和采用节能新船型，降低老旧船和落后机型的比重和数量、发展船舶节能新技术；调整海洋和内河船队运力结构；发展船舶运输管理技术；推广减速航行和经济车速技术；加大航道整治力度；发展海上运输新技术。在航空运输方面，调整空域结构、协调优化航路、航线；提高航空公司运行控制水平；加强飞行员的技术培训；提高技术装备水平。在港口、航站方面，要求推广照明和空调系统节能改造；推广

专业化码头

有利于提高装卸设备机械效率的节能技术；优化港口布局，引导建设专业化码头。

建设我国的综合运输体系，是交通行业节能工作系统工程中的一个基础环节，也是一个重要环节。应充分发挥交通基础建设对行业引导的重要作用，注重交通运输规划的系统性、前瞻性和先导性，充分发挥铁路、公路、水运、民航等运输方式的比较优势，合理配置运输资源，提高交通运输能耗的整体效率，强化科技在交通中的应用，提高运输组织水平，最大限度地减少无效运输，避免交通能耗中的隐性浪费。

二、汽车节能技术

在现代汽车中，汽车的技术节能通常有以下几个方面：

1. 汽车发动机节能技术 发动机是汽车的核心，其工作性能的好坏直接影响到汽车整体性能的好坏。发动机的工作性能主要包括动力性、经济性、运转性和可靠性等几个方面，其中动力性、经济性与节能密切相关。

目前已经开发应用的发动机节能技术主要有发动机稀燃技术、汽油机的燃油电子喷射技术、分层燃烧技术、闭缸节油技术、电磁阀驱动系统技术、E-GAS电子节气门技术、废气涡轮增压技术、强制怠速节油器技术、磁化节油净化器技术等多种节能技术。

汽车发动机节能技术

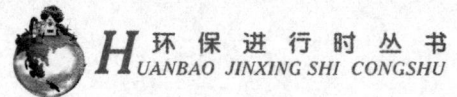

2. 汽车整身节能技术

(1)改进传动系统。

提高传动系统的效率对燃油经济性的作用大约有10%。发动机的有效功率必须通过传动系统转变成驱动功率，提高驱动效率的主要途径包括采用节油自动离合器、机械多挡变速器、CVT无极变速器等技术。

(2)降低汽车行驶阻力。

汽车行驶时，发动机克服阻力所消耗的功率与车速的三次方成正比。汽车的空气阻力主要与汽车的外形有很大的关系，因此对于货运汽车可以采用厢式车厢、安装导流罩、阻风板，对于小汽车建议在高速行驶时不打开车窗以降低空气阻力。

(3)减少车身重量。

汽车轻量化对节约能源具有重要的作用。实验数据表明，在风阻和滚动阻力不变的情况下，其质量每减轻100千克，汽车每百公里油耗便会减少0.6~0.7升。因此利用铝或其他复合材料制作车体或发动机等各类汽车轻量化工艺已经成为现代汽车制造的趋势。

3．涡轮增压节能技术　所谓涡轮增压，一般就是利用发动机排气驱动的涡轮机拖动压气机，提高发动机进气压力，增加进气量，使得发动机燃烧室新鲜空气增多，燃烧更多的燃料，从而提高发动机功率。涡轮增压技术不仅可以节约能源，而且由于涡轮增压后发动机燃烧比较完全，排烟浓度降低，废气中的CO和HC含量明显减少，NO_x含量也较少，从而减少了对环境的污染。

4．新能源汽车　据专家估计，目前地球上的石油资源只可供人类再开采40年，因而各类电油混合动力汽车、生物能源汽车、纯电力汽车已经逐渐进入消费市场。很多国家在开发新型替代燃料方面取得了很大进展。车用替代燃料包括电力、天然气、氢气、甲醇、乙醇、其他醇类、生物柴油等。

三、汽车驾驶节能

汽车行驶过程中,驾驶员的驾驶技术、驾驶习惯、节能意识等与汽车的耗油量有很大的关系。如果能够改进驾驶过程中不科学、不规范的动作,可收到立竿见影和稳定的节油效果。汽车驾驶节能工作可以从以下几个方面进行:

1. **发动机启动与节能** 根据发动机温度和大气温度的不同,发动机启动分为常温启动、冷启动和热启动。当大气温度或发动机温度高于5℃时,启动发动机比较容易,一般不需要采取辅助措施,这种情况称为常温启动;当气温或发动机温度低于5℃时启动发动机称为冷启动;发动机温度在40℃以上时的启动,称为热启动。

常温启动发动机时,要注意让化油器充满汽油,尽量做到启动发动机一次成功,如果三次仍不能启动,应进行检查,排除故障。每次启动发动机不得超过5秒,连续使用每次应间隔10秒。启动后以低速运转,并尽快转入怠速状态。

冬天冷启动发动机时,应预热发动

汽车驾驶节能

机,可将90℃以上的热水注入发动机水套,并将放水阀打开,直至流出水温达到30℃~40℃,再将放水阀关闭,待发动机水套的水温与汽缸体的温度逐渐趋于一致后再启动。热车启动发动机时,要求踩加速踏板轻一些,做到发动机一次启动成功,启动后立即进入怠速运转。

2. **汽车起步加速与节能** 汽车应在水温40℃以上时才起步。经科学

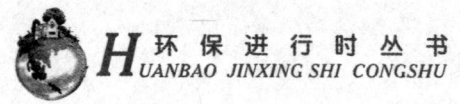

试验证明，40℃以下水温的车辆起步行驶，会增加6%油耗。冬季汽车起步行驶，在10千米以内车速不能超过40千米/小时，根据当地不同气温可适当延长低挡行驶时间。一般情况下，气温0℃～5℃以内的各挡行驶时间为：二挡50秒左右，三挡和四挡为35秒左右；气温在-20℃左右时，二挡1～2分钟，三挡3～4分钟，四挡5～6分钟，待水温和各式润滑油温度升高后再进入正常车速。行车起步需要较大的扭矩，而发动机所提供的扭矩远远不能直接满足需要，这就要通过变速器的减速增加扭矩作用，加大车辆的驱动扭矩。在起步的挡位中，一般使用二挡起步最节油，做到起步用低挡，加速要缓慢。冬季车辆预热时间不宜过长，预热至正常工作温度后逐渐加速，以能启动为原则。不可猛加速开快车。尽量避免不必要的急速，急速运转每分钟比重新启动一次发动机所耗燃油还要多。也不宜突然停止发动机的运转或启动发动机，突然加速比平稳加速多燃油近三分之一。

3. 合理选择挡位与节能 选择合适的挡位能保持发动机在最佳工况下工作并使汽车能够适应不同的道路条件。在换挡操作中根据道路及车辆动力情况做到选挡准确、换挡及时、动作迅速，避免高挡低速或低挡高速的费油情况发生。

从节油的角度要求，换挡动作要准确、迅速、及时，不要拖泥带水，要避免动作过慢而车速下降过多。不要把油门加得很大、发动机转速很高时再慢慢换挡，而应在油门开度不大、发动机转速不高的情况下迅速换挡。一般应低挡起步，不应超速加大油门，车速比较高时应及时换入高一级的挡位，但不要在高挡位低速行驶。因为低挡高速与高挡低速同样费油，应根据车速及时调整行车挡位。换挡要适宜，以发动机动力能平稳运转为标准，不能拖挡太久或提前改换低速挡。车辆接近坡道时宜渐渐速，但开始上坡就不宜加速，否则也会增加燃油消耗。

4. 合理选择运行速度与节能 汽车行驶速度是影响汽车行车安全和燃油消耗量最主要的因素之一。不同的车型都存在一个运行经济车速，汽车在该车速下行驶时燃油消耗量较低，运行效率较高。驾驶员根据具体车型、道路条件以及车辆的载客载货情况，使汽车尽可能按运行经济车速行驶，将有利于提高汽车的行车安全性、降低燃油消耗量。由于汽车行驶过程中所消耗的燃油不仅取决于发动机的单位燃油消耗，还取决于汽车克服行驶阻力所需要的功率，当车速较低时，虽然克服行驶过程阻力所需要的功率较小，但发动机负荷低而比油耗上升，导致油耗增加；当车速较高时，发动机负荷高而比油耗下降，但克服行驶过程阻力所需要的功率增加从而致油耗增大。克服行驶过程阻力所增加的油耗超过了发动机比油耗的下降作用，汽车总的油耗也会增加。所以，汽车较低和较高车速行驶时都会增加油耗，只有在中间某个速度行驶时，油耗最低，一般称这个速度为经济车速。但是经济车速往往偏低，为了兼顾效率及其他原因，在长途驾驶中，驾驶员应尽量采用略高于经济车速的车速。就目前的实际情况而言，一般采用比经济车速略大的70~90千米/小时车速行驶为宜。

5. **安全滑行与节能** 汽车在行驶过程中，不用发动机的动力，依靠汽车本身的动能（惯性）或下坡的势能继续行驶称为滑行。汽车在滑行时，发动机处于怠速运转或不运转状态，只消耗很少的油或不消耗油。所以滑行是汽车重要的节油措施，经验丰富的驾驶员可使行驶过程中的滑行里程占总行程的30%~40%。汽车的滑行一般有加速滑行、减速滑行和下坡滑行。

合理选择运行速度

汽车滑行具有以下优点：一是油耗减少，有利于节油和环境保护；二是车辆振动小，噪声低，使驾驶员和乘员感到舒适；三是减少了发动机、传动系统、悬挂系统、制动系统和轮胎的磨损，延长其使用寿命；四是预定点的停车，可通过滑行代替制动或停车，减少事故发生。

6. 合理选择行车温度　汽车的行车温度包括发动机温度、机油温度、发动机罩内空气温度等。这些温度直接影响行车燃料的消耗。发动机温度过高或过低不仅导致油耗增加，还会引起发动机磨损加剧。发动机的温度一般通过发动机水套的水温及发动机罩内空气温度来调整，行车中要保持发动机水套水温在80℃～90℃，发动机罩内空气温度在30℃～40℃，冬季发动机罩内空气温度要求保持在20℃～30℃的范围内。在驾驶过程中，应注意调节百叶窗的开度，控制行车温度在合理范围内。

7. 其他节能措施　尽量让汽车平稳地行驶，避免停车和重新起步，避免频繁加速和随意减速。要选择技术状况较好的路面行驶，因为在松软等不良路面上行驶车辆，油耗可增加10%～30%。行驶中尽量少使用制动器，情况处理要有预见性。控制紧急制动，因为车辆制动后重新加速将十分耗油。长途行驶时应尽早上路，以避开交通高峰时段而不影响正常行驶。经常检查并保持轮胎的标准气压。轮胎气压过低，将增加轮胎胎面与路面阻力，增加燃油消耗。载货汽车装载货物时应注意减少货物迎风面或加导流罩；如无必要，车辆在行驶过程中不要打开车窗；尽量少使用车内空调系统，天气不是很闷热时可开窗通风。

对车辆发动机应每年至少做一次预防性保养，因为发动机长久失调会多耗费燃油。进行日常维护，按生产厂家提供的保养计划检查燃油系统、空气滤清器、变速器、转向系、制动系、皮带、空调、减震器、前轮定位及其他易磨损和破碎的零件。选用合适的润滑机油。好机油可延长发动机寿命，降低油耗和减少尾气排放。定期检查机油和按时更换机油。

四、船舶节能有技巧

船舶是船运企业的工具,船运企业的技术节能主要就是船舶的技术节能。目前船舶节能已成为世界造船界和航运界研究的重要课题,它关系到节约燃料资源和费用,环境保护以及船舶运营经济效益等问题。船舶节能的关键是节能船型的优化设计,船、机、桨、舵的最佳匹配,动力装置及其配套设备的优化选择。在满足船舶使用的条件下,优化船体型线设计与船型使船舶阻力最小,选配耗油量小的船主机使总体协调匹配,以达到船、机、桨、舵的最佳匹配,从而提高船舶的推进效率,减少耗油量,降低营运费用。

1. 优化船型设计 主要可以开发设计以下节能船型:

(1)小水线面双体船型。

小水线面双体船型的船体由上、下体组成。上体为主船体,下体为辅船体,由支柱连接,将主船体绝大部分容积抬出水面。该船型具有兴波阻力及波浪干扰力作用小的特点,在高速航行时快速性、航向稳定性及耐波性均好,适合在波浪中航行。由于该船型有利于布置低转速大直径螺旋桨,其桨轴浸沉深度大,可使螺旋桨处于较均匀有利的水流场下工作,从而提高船的推进效率。目前,国外已有此类型的巡逻艇、海上作业船、水文调查船以及载客渡船等。

(2)双尾船型。

双尾船型(含双尾鳍)是就船的整个尾型而言,该船的特征是船的后体由2个片体和1个纵流型的中间拱形隧道组成。由于2个尾片体细长,可使纵流隧道平顺,以利于船尾部分的纵剖流线设计均匀平缓,可改善波形干扰。同时,还可增加船尾压浪长度,以改善船后体压力分布,减少尾流分离现象,从而大幅度降低兴波阻力和旋涡阻力,使剩余阻力大大下降。该船型有利于安装低转速大直径螺旋桨,可大大提高螺旋桨敞水效率,也易于船、机、桨匹配和优配。该船型在国外早有研究,国内也已实际应用

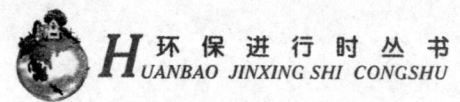

到长江流域航线的客轮上。实际航运证明，双尾船型航行性好、兴波小、速度快、操纵灵活，可节省主机功率25%以上。

(3)蜗尾船型。

蜗尾船型的船体尾部由轴套包板和扭曲的船底板形成，绕着螺旋桨轴旋转的螺旋形成蜗槽道。蜗尾船型的实船有平头蜗尾船与尖头蜗尾船两种。平头蜗尾船的船首为平头，船首底部与水线平面的夹角约为6°。蜗尾的作用主要有三个方面：一是消减尾浪，使尾流平顺，减少船尾兴波高度以降阻；二是蜗尾可回收螺旋桨尾流中的旋转能，产生反桨效应，从而可使紊乱的尾流协调成向后喷射的直流，以抵消螺旋桨激起的水流旋转所诱导的涡流，减少螺旋桨尾流旋转能量的损失，以达到回收螺旋桨尾流的旋转能，提高船舶推进效率的目的；三是蜗尾有助于消减船尾振动，因为船尾处的螺旋桨轴中心线与蜗尾中心线重合，使轴向伴流和周向伴流的分布较均匀，从而使消耗在螺旋桨尾流中的能量大大减少，也使水的动力作用在船体所引起的扰动和作用在船体上的机械振动显著减少，起到消减尾振效果。实际航行证明，蜗尾船型具有兴波小、推进效率高、激振小等十分明显的多功能节能优点。据实船测试，蜗尾船型与一般同排水量和同机型船相比，可提高航速27%左右，节能12%以上，适合应用于客船、旅游船、军船（蜗尾登陆舰）。

(4)球尾船型。

球尾船型的特征是在船体满吃水线处的尾部区设有一个占全船长度约1%～2%、宽度极窄小的尾端形体。它根据流体力学原理，利用球尾产生与船尾尾波相反等幅的波，以降低兴波高度。设计球尾的主要参数是尾球体长度、横剖面的大小与形状以及球心位置等，一般宜选择在桨轴中心线上，可根据船模试验优选其球尾尺度与形状。球尾的主要作用有两个：一是消波压浪，船尾波的起波点后移，导致尾波扩散面大大减少，从而减少能量损失，以降低船舶阻力；二是改善尾流，起整流作用，以提高船舶的推进效率，与此同时还可减小螺旋桨的激振力，有利于降振。该船型一般可节省主机功率7%～9%。

(5)球鼻首船型。

球鼻首船型的特征是在船头设有球鼻首。球鼻首形式有水滴形、瓜子形、椭圆形及小流鼻式等。球鼻首的主要参数如球鼻长度、宽度、横剖面的大小与形状、球鼻浸深深度等,可根据具体的设计船型、傅汝德数以及吃水等因素确定。球鼻首引起的波与船体的船首波可以相互抵消,以改善船首进流段区的水流状态,实现降低兴波阻力的目的。球鼻首还可增加船舶浮力,可作为压载水舱调节船的纵倾。在大型货船和油船上采用球鼻首,可降低总阻力达8%～11%;在中高速船上可降低总阻力约6%。

(6)浅吃水肥大型船型。

浅吃水肥大型船型的特征是吃水浅,船体横截面相对较大,载货位大。它是受航道和港口泊位吃水限制而设计的一种船舶,其主要特点一是载重量较常规型船增加20%～30%,即吨位愈大,则载重效果愈佳;二是综合经济效益高。该船型具有成本低、相对投资成本少、营运航线多、可通航道多、营运在航率高等优势,广泛应用于矿砂船、煤炭运输船、油轮、化学液体船以及船队运输途中的补给船等。

2. **优化船、机、桨、舵组合匹配** 船、机、桨、舵最佳组合匹配涉及船型和船的主要参数、动力装置和螺旋桨的选配以及舵设等技术问题。通过优化船、机、桨、舵组合匹配,以使船舶在航行中的总阻力最小,所需主机功率最恰当地达到船身效率和螺旋桨效率最高,船舶推进效率最佳。

理论上讲,理想的船舶推进效率趋近于1,而一般的实船仅能达到42%～72%左右,这意味着28%～58%的能量消耗在推进装置系统及其工况运行中和波能干扰影响中。能量损失一般有三方面的原因:一是由于船体在水中运动,受水流赫性影响及波能干扰导致能量损失,其值约占10%～18%;二是船的推进传动机构运转中的能量损失,其值约达10%～22%;三是由于螺旋桨叶端处存在横向绕流引起的激烈的端涡流能量损失和螺旋桨后面旋转尾流损失,这两者的损失随推力载荷系数的增

加而增大，约占8%~18%。推进效率是影响船舶航速的主要因素，提高推进效率的措施有以下几个方面：采用内旋桨；采用高效螺旋桨——PBCF装置；采用船舶助推轮装置；设计低转速大直径螺旋桨；采用舵附推力鳍装置；采用自动操舵装置；优选螺旋桨叶梢与船壳的相对最佳位置。

创新螺旋桨

3. **优选动力装置及其配套设备** 优选动力装置是船舶节能技术的最重要措施之一，其主要措施如下：开发新型高效发动机；开发新型燃油添加剂；利用主机废气节能技术；采用电子喷油系统装置；采用排气扩压管节能技术；采用轴带发电机节能技术；优化机舱布置及改善主机进气环境。

4. **船舶运力结构的调整** 在内河船舶管理中，政府部门应采取措施鼓励船东淘汰水泥船、挂桨机船等落后船型，加强对新建船舶和进口二手船舶能耗水平和指标的审批、监督和检查。内河船队应在主要干线和支流上，发展分节驳顶推船队；在水网地区，发展适合不同水域和不同货源的多层次机动驳系列船队；发展系列浅吃水江海直达船，促使内河船队向标准化、系列化方向发展。

在调整海洋船队运力结构方面，远洋船队应大力发展大型集装箱船、液化石油气(LPG)船、液化天然气(LNG)船、滚装船以及大型散货船和专用化学品船，促使远洋船队向大型化、专业化方向发展。

五、船舶营运管理应节能

节能管理工作具有很大的弹性，同一种工作，粗放化管理与精益管理所产生的效果大相径庭。船舶节能管理工作也是如此。那么船舶运营管理都涉及了哪些内容呢？

（1）宣传教育强化全员的节能意识，让每位员工、每个岗位都深刻感受到燃油成本带来的压力，形成部门之间的联动、船岸之间的联动。

（2）完善规章制度使节能工作有章可循、有标可参。可以在充分调研的基础上，结合船岸实际，对陆地机关、船舶一线都制定相应的节能管理办法和奖惩措施并纳入公司体系文件，使节约、节能工作有章可循、有标可参，最大限度地减少不正常消耗现象的发生；可以根据各船船况和航线特点制定船舶燃润油消耗定额制度，对超额船舶实施跟踪监控和技术指导，确保船舶燃润油消耗控制在定额标准范围之内；建立节能责任制度，让职能部门、船舶和航线调度都有节能指标，使节能工作每个环节都

节能要"联动"

有专人负责。

(3) 建立科学的奖惩机制激发员工节能的主动性、积极性和创造性。对船舶节能工作要有奖有罚，精神鼓励和物质刺激并举，对节能工作的考核既要有具体指标，也要有科学的考核手段。

(4) 优化工作流程，实现对油料的采购、非用油、退油的全程监控。对船舶油料的过程监控首先是把好油料的采购关，采购人员要与调度密切联系，掌握船舶的准确动态及船上各种油料的存量和合理消耗量，在确保油料质量的前提下，努力确保在油价最便宜的港口加油。

船舶是一个流动性很强的运输工具，如何在营运过程中节能，已是船舶节能的又一个方向。做好船舶营运节能工作，主要可以在以下几个方面展开：

(1) 尽量使用经济航速。一般来说，航速的变化与主机功率及燃油消耗量呈三次方关系。也就是说若航速减慢20%，则燃油消耗可减少49%左右，这是一个相当惊人的数据，即使减慢10%，燃油消耗也可减少27%左右。尽管刻意减速，不符合市场要求，且船舶使用率降低，但众多航运企业还是在船期允许的条件下尽量选择最经济的航速。为了保证经济航速，船舶调度部门要综合考虑班期、港口装卸效率、港口拥挤情况和航次装货量，科学调度船舶，保证船舶到港即靠，尽量减少船舶到港的等泊时间，把时间留给船舶行驶经济航速；船舶本身要根据气象条件和潮、流等因素，灵活使用航速，在保证班期条件下，全程或部分航程使用经济航速。

(2) 合理利用自然条件。风、潮、流、涌等许多自然现象对船舶航行都有着重要影响。远洋航行的船舶可以合理利用洋流，减速航行。长江航行的非班轮船舶可以探索和利用潮汐法航行，下行船应避开涨潮，利用落潮时顺流而下；上行船在平潮或涨潮时发航，乘整潮、遇落潮时，抛锚等下次涨潮后再起锚续航。如果多次利用涨潮航行，上行船就可将逆流航行变为顺流航行。夏季，远洋和近海航行船舶还要尤其关注台风情况，合理避风，尽量减少迎风、顶风航行。

（3）提高货物对流系数。做好货物的双向平衡，减少船舶单向空载率，这种因素对班轮的影响尤为明显。提高货物对流系数，要根据航线货源特点，投入不同的揽货力量，尽量保证货

合理避风避浪

流的相对平衡。同时利用联盟关系互租舱位，减少运力密集投入也可以有效节能。在揽货过程中要合理揽取冷藏货，冷藏货需要消耗船上能量，根据船上发电机的功率，科学装载冷藏货对船舶节能很有讲究。如果船上开一台辅机，满负荷时能满足15个冷箱用电，那么当装载第16个、第17个冷箱而不得不开启第二台辅机时，从经济学角度出发，第16个、第17个冷藏箱完全可以不装，因为两个冷箱的全部运费可能也抵不了一台辅机所耗燃油的费用。

（4）不断优化航线。在航行中，特别是远洋航行，航线的优劣对提高经济效益有重大的影响。科学、经济的航线，可以有效降低燃油成本。在布局航线时，要统筹考虑航道特点、所投船舶的适航能力、海洋水文、气象条件、货流情况等，尽可能优化运输路线，缩短航距。船舶在保证安全、遵循航道规则的前提下尽可能提高行船技术，走经济航线，减少不必要的绕航。

对于船舶节能，除了船舶本身技术节能及营运管理节能外，还需要做好港口、码头等基础设施及其他方面的工作。比如，加大航道整治力度，逐步提高内河航道等级，打通江海限制口，形成支干直达和江海直达运输

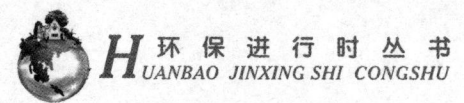

网络；优化港口布局结构，发展大型专业化码头，重点建设集装箱干线港，相应发展支线港和喂给港；逐步更新港口装卸装备和工艺，杜绝能耗高、效率低的装卸设备进入港口行业。

据专家指出，目前我国交通水运行业要实现节能降耗急需解决八大问题：节能管理机制不协调、不健全；运力结构调整缺乏适应市场经济体制的激励政策和手段；节能基础工作薄弱；固定资产投资体制不利于节能降耗；能耗增长源头控制尚不完善；现代化综合物流体系急需建设；基础设施建设需加大力度；节能信息服务需要加强。

针对交通水运行业这八大难题，首先是要从建立、健全水运行业节能管理体系以及强化行业管理着手，理顺交通运输部能源管理部门与地方能源管理部门的关系，建议国家能源管理部门赋予交通运输部能源管理部门行业管理的权力。在此基础上，建立、健全交通各级能源管理机构，并制定相应的规章、政策，形成管理顺畅、机制严密、考核到位的节能管理体系。

其次，要研究并实施适应市场经济体制的激励政策和手段，如减免税费等，利用"市场手段"这一无形之手，加快内河船型标准化的进程，促进运力结构调整，同时引导水运行业积极主动地采用节能新技术、新产品。

此外，交通水运行业

内河航道

要加快实现节能降耗，还要从下面几点入手：投入资金，加强节能基础工作，加强交通水运行业节能降耗基础性、前瞻性、战略性研究，尽快构建交通水运行业能源标准体系，制定实施交通水运行业能耗统计标准、能耗限额标准；严格执行固定资产投资项目节能评估制度，设立行业能效准入门槛，从源头把握住港口节能关，有效控制装卸工艺落后、能耗高的港口建设项目，新建船舶及二手船的节能审查制度也应逐步加以推行；加大基础设施的建设力度，加强水运资源的综合利用，合理规划，加大内河航道整治力度，全面改善航道等级结构，形成以高等级航道为主体的层次分明、干支相通、通江达海的航道体系，促进内河水运发展；加快水运行业节能技术服务中心重新布点建设的步伐，投入资金、重点扶持，尽快形成网络，充分发挥其桥梁、纽带作用；加大宣传，树立典型。

六、电力机车节能技术

目前，地下铁路已全面使用电力机车，地面铁路也已全面推广使用电力机车。所以，研究电力机车的节能技术，显得十分必要。研究电力机车的节能技术可从以下几个方面开展：

1. 降低机车运行阻力 机车（含其

电力机车

所挂的车厢，以下均同）在轨道上的运行阻力由两部分组成，分别是机械阻力和空气阻力。其计算公式如下：

$$R=(a+bu)m+(cF+dLS)u^2$$

公式中，u为机车速度；m为机车质量；F为车辆截面积；L为机车长度；S为车辆截面周长；a，b，c，d为常数。公式右边的第一部分是机械阻力，与列车质量成正比，可以通过车辆轻量化及降低轮轨间滚动摩擦阻力以及轴承等的摩擦阻力来降低机械阻力。第二部分是空气阻力，与速度的平方成正比，能够通过缩小车辆截面，改进头车形状，使车体表面平滑化等，改进空气动力学特性来降低空气阻力。运行中的列车，除了上坡道（要克服坡道阻力）及加、减速运行所必需的力外，还要克服运行阻力，因此，如能降低运行阻力，则能以较小的力运行，达到降低能耗的目的。

2. 减轻车辆重量 减轻车辆重量可明显降低运行阻力中的机械阻力，并可降低上坡道阻力；同时，因为加、减速时用较小的力即可获得所需的加、减速度，所以能减少车辆的拉力、制动力；另外，减轻车辆重量对于降低动能的效果也很大。由于动能与速度的平方及质量成正比，所以，减轻车辆重量能抑制随高速化而增大的制动吸收能，例如，速度从200千米/小时提高到260千米/小时，动能增加70%左右；但是，如果重量降低35%，则动能反增加10%左右，其节能效果十分显著。

3. 采用再生制动系统 再生制动系统可将制动时产生的动能转变为电能返回接触网。如能有效利用这种电能，则可实现电力系统总体节能。

4. 改善功率因数 采用先进的PWM逆变器控制功率因数，可使受电弓处的功率因数为1，而以往的晶闸管连续相位控制的直流电动机驱动方式的功率因数为0.8左右。所以，受电弓处的电流大约可降低20%，输电损耗减少，利于节能。虽然效果并不是很明显，但能在车辆高速化后输出增加时抑制电力设备容量的增大，减少设备投资，达到间接节能的目的。

5. 降低机器损耗 提高机车驱动系统的电气设备效率，减少了从牵引变压器的输入到牵引电动机输出的电力损耗,从而达到节能的目的。由于地面设备的尺寸及重量受制约比车上小,所以,考虑与总体效率提高相结合,车上机器设备(主要是电气设备)必须设置在电动车组的车地板下,虽然体积与重量受制约大,丧失一些机器设备的效率,但通过设备的小型和轻型化,也可取得总体的节能效果。

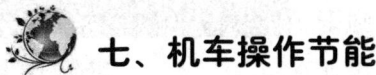

七、机车操作节能

机车操纵节能技术

铁路运输相对于公路运输而言,驾驶操作的自由度有所下降,因为其运行的轨迹是固定的。一般情况下没有选择的余地,只有在从A点驾驶到B点之间存在最优操纵问题,当然在整体调配上也可采取一些节能措施,主要可开展以下工作:

(1) 不断改善运输组织工作,合理调配机车,充分利用运输能力,尽量避免和减少单机开行和信号机外停车。实行长交路,节约使用机车。

(2) 提高货物列车重量,扩大旅客列车编组。发展直达运输和集装箱运输。

(3) 推广机车操纵先进经验,不断提高机车操纵水平。

在一定的牵引机车、车辆、线路等硬件环境下和既定的运行图、列车编组计划等运营管理状况下,改进机车的操纵方法以实现列车的节能运行,是一条经济有效且直接可行的节能途径。20世纪80年代以来,澳大利亚、德国、匈牙利、丹麦、英国、日本、美国等许多国家在列车节能操纵方面进行研究和试验,总结节能的列车操纵方式,并应用微机技术研制开发列车优化操纵的微机指导系统、微机控制系统、操纵模拟系统等。列车优化操纵的节能效果一般为5%~15%。对于平道或坡度变化很小的线路，理论证明最优的操纵序列为"最大加速、匀速运行、惰行、最大制动"。也就是说，刚出站时就以最大加速度加速前进；达到限速时，就匀速前进；快要

提高机车操纵水平

进站时就不再施加任何牵引力，让机车滑行；进站时，施加最大制动，列车速度减为零。

节能坡技术

城市轨道交通每天都在消耗着大量的能源，节约运行能耗对降低城市轨道交通运营成本、提高经济效益具有十分重要的现实意义。为降低能耗，人们采取了许多节能措施，如车辆轻量化（如采用铝合金车体）、设计节能线路、采用移动闭塞列车控制系统等。除此之外，考虑到地下轨道交通的特殊性，还可以实施在地面轨道交通中一般不易实施的节能坡技术。

所谓节能坡，就是在地下轨道交通的两站之间，车辆从A站静止出发，到B站停止，其所消耗能量最小的坡度。通过建立二维控制模型及求解分析，人们得出节能坡的基本形式都是凹形的，即使在具有高程约束和列车运行速度约束的情况下，其节能坡的形式仍然是凹形的。人们研究表明，凹形纵断面与其他类型纵断面相比，约减少列车运行能耗10%。

节能坡基本形式在最大上坡道形成。而列车运行在节能坡上的最优控制策略由最大力牵引运行、恒速运行、惰力运行和制动运行组成，这和在基本无坡度的平面上最优操纵策略相同。节能坡的设计使用应遵循以下几

个原则:

(1) 轨道交通的列车再生制动功能,不能代替节能坡。

(2) 轨道交通凡有条件的区间,都应设计成节能坡,即遵循"高站位,低区间"的设计原则,令列车从车站启动后,借助下坡的势能增加列车加速度,缩短列车牵引时间,从而达到节能的目的;列车进站停车时,借助上坡阻力,降低列车速度,缩短制动时间,减少制动发热,节约环控能量消耗。

(3) 节能坡的使用必须与施工方法相结合。如地下线车站结构采用明挖法施工,区间隧道结构采用盾构法或暗挖法施工时,可采用节能坡设计。如果区间结构也采用明挖法施工,节能坡将加大区间线路埋深,增加工程投资,则不宜设计为节能坡形式。

(4) 节能坡应尽量符合列车运行规律。车站一般位于纵断面的高处,区间位于纵断面的低处,节能坡道应尽量靠近车站,竖曲线头宜贴近乘降站台端部,以发挥最大节能效果。

(5) 节能坡的应用必须结合工程实际,必须与区间线路沿线的地形、地质、地物和桩基等的实际情况相结合。如果区间有控制性障碍物,需要根据障碍物的特征设计节能坡。

八、港口行业节能减排措施与技术

港口行业节能减排技术

在我国港口行业中,港口能耗占成本近30%的份额,如果把这此部分成本降下来,对企业来讲是一笔可观的收益。科学技术在港口节能工作中具有重要作用,技术进步始终是港口企业节能降耗的原动力。影响港口能源消耗的主要因素可以归纳为港口的规划和设计、港口管理、装卸设备和工艺及辅助生产设施、工作人员操作技术水平、节能意识等方面,因此企业在节能减排中都是有潜力可挖的,港口企业及时采用节能新技术、新工艺、新产品,可以大大降低能源消耗在成本中的比重。目前港口业主要采用的节能减排技术如下:

1. **集装箱堆场节能减排技术** 轮胎式集装箱门式起重机(RTG)是现代化集装箱港口堆场中使用非常广泛的一种标准设备。这些移动式装卸和搬运设备一般以柴油发电机组作为设备的动力源,而这些庞大的柴油发电机组不仅油耗高,而且噪声大、污染物排放多。特别是近年来,随着全球范围内的能源供应日趋紧张,能源价格急剧攀升,这些移动式设备的运行成本越来越高。我国大量使用的RTG等移动式港口设备普遍存在"猛喝油"、"冒黑烟"现象,这已经不能很好地适应我国港口行业健康可持续发展的需要。

轮胎式集装箱门式起重机

RTG上柴油发电机组的工作模式是:为了满足机上电控系统所要求的电源电压稳定性的条件,柴油发电机组需要一直稳定在一个较高的转速上,设备无论是在作业还是在待机状态,无论从事何种动作,起重货物重量如何,柴油发电机组都要一直在以一个额定的转速运转。即柴油发动机始终处于满负荷的工作状态,产生的动力大多做了无用功，使大量的燃料白白浪费掉。如何降低这部分消耗，青岛港、上海港等港口积极探索新的节能方式，归结如下：

（1）超级电容式RTG。在电气回路中并接几组较大容量的电容用于回收多余能量，在需要时再释放出来以达到节能效果。这种方式的不足是电容成本较高，使用寿命尚待检验，而且已有的RTG需要将发动机更换成更小马力的发动机，又造成浪费或闲置。

（2）双动力RTG。在动力房柴油机处再增加一套小型的辅助发电机组，形成双动力RTG。在设备长时间不作业时关闭工作柴油发电机组，启用辅助发电机组为机上照明、空调、控制和通信系统等设施供电，以达到节能效果。该方式的不足是不适合短时间内频繁切换，而且又需要增加一套小型的柴油发电机组，增加了维护保养的工作量，占用了一定的空间。

（3）油改电式。目前油改电式在各码头使用也不尽相同，有高空电车滑线式、低空电车滑线式和电缆卷筒式等几种形式。在作业时采用外接电源供电，需要转向时，再启用柴油发电机组。该方式能够起到很好的节能效果。其不足是将柴油发电机组长期闲置不用，平时需要定期的运转保养，否则会对柴油发动机造成损害，而且一次性的投入改造费用较大。

2. 散货堆场节能减排技术

（1）带式输送机节能改造技术。

目前带式输送机节能改造技术主要包括：带式输送机电机运行数量控制技术，堆、取料机位置检测技术，电机电流检测技术，带式输送机降电压技术等。带式输送机的各种节能改造技术，都可以达到降低能耗和提高电机利用率的目的。相对而言，电机运行数量控制技术应用较为广泛，堆、取机位置检测法和电机电流检测法各有优缺点。电机运行数量控制技术是涉及机械、电气控制和供电技术等学科的综合性技术，更加成熟的电机运行数量控制技术将在带式输送机的节能改造中大有可为。降电压的节能改造技术在港口用带式输送机中应用较少，随着该技术的进一步发展，将得到越来越广泛的应用。

(2) 底开门卸车工艺。

底开门卸车工艺是通过地面设置的行程开关来控制底开门自卸车底门的开闭，即车辆边行走边自动卸货。目前采用的底开门机构已经非常成熟，可以很好地保证列车车门的开闭，具有设备及土建投资节省、系统成熟、安全、可靠，操作简单、高效，运营成本低等优点。与翻车机卸车工艺系统相比，底开门卸车工艺系统相对简单，每套系统仅包括地面开关碰头、电控系统设备、卸车棚、维修起重设备及除尘设备、给排水设备等。

底开门卸车工艺系统设备数量少，列车边行走边自动卸货，调度生产管理简单，仅需要对地面开关碰头进行操作。铁路采用低开门漏斗车运输煤炭、矿石等散粒货物，是比较经济的运输方式，在美国、加拿大、澳大利亚、德

港口散货堆场防风网技术研讨会

国、英国等国家已广泛应用，技术较为成熟。

(3) 港口散货堆场防风网技术。

随着港口的发展，港口散货的装卸和储存作业中产生的粉尘对环境的污染日益严重。目前港口主要除尘措施有喷洒水、喷洒抑尘剂、覆盖防尘网等，具有一定的抑尘效果，但仍不能很好地解决粉尘对环境的污染问题。防风网是一种多孔障碍物，在其背面可形成低风速区，从而减少粉尘运动。防风网应用范围广泛，可用于农业、工业、港口等环境保护中，能减少沙粒、堆货粉尘等存放和装卸过程中的扩散。防风网对于港口散货粉尘的起尘与扩散具有良好的制约作用，其防尘效果已得到公

认，防风网的建设对治理港口散货堆场粉尘污染具有重要意义。

3．**港口电力系统谐波治理技术**　近年来，随着港口的快速发展以及港口机械设备技术的不断提高，港口中出现了大量的非线性负荷，如各种大功率可控硅整流设备、变流设备以及各种电力电子设备不断接入电网。这些非线性负荷，会使电压电流的波形发生畸变，从而在电力系统中产生谐波和无功电流，这给港口的实际运营带来较大的问题。针对此问题，广州港等很多港口对港区电力系统进行技术改造，提高了供电系统功率因数，采取措施对危害严重的谐波进行了治理，取得了很好的节能效果，对港口企业治理电力系统谐波污染具有很好的借鉴意义。

4．**港口可再生能源应用技术**　港口的辅助生产生活建筑能耗在港口企业能耗方面占有一定的比重，尤其是在建筑物的供热及供冷方面能耗尤为明显，因此如何采用节能新技术实现港口辅助生产生活建筑物能源供应是港口企业节能工作的重点之一。针对该情况，天津港、大连港等港口大力开展可再生能源的推广利用工作，将太阳能、地源热泵及海水源热泵技术用于采暖、制冷等方面，已在港区内的建筑工程中得到应用，并从中摸索出一些解决机组防腐和水质防沙等技术难题的方法，效果良好，为在全国淤泥海岸推广使用海水源热泵系统提供了可借鉴经验。

港口行业节能减排管理与措施

加强港口企业能源管理的力度，提高其生产调度水平，必须做到以下几点：充分利用港口区位优势、自然条件、腹地经济发展需求和发展潜力，建设层次分明、分工合理、大中小结合的港口体系，提高码头泊位专业化、规模化水平，提高港口通过能力和效率对于新建港口工程项目；优化装卸工艺和设备选型设计，选用低能耗、高效率的装卸设备，优先选用以电能作为动力源的装卸设备；改进各类码头装卸工艺系统，使系统各环节能力匹配，提高装卸效率、降低能耗；加快对集装箱码头设备和散货码头设备关键技术的研究，优先采用轻型、高效、变频控制的设备。具体的措施如下：

（1）对于现有港口的技术改造项目，应逐步更新改造耗能高、效率低的老旧设备，提高装备的整体技术水平，减少能耗及废气排放，提高作业效率。加快现有集装箱码头以柴油发电机为动力源的轮胎式集装箱门式起重机改造为由港区电网供电的"油改电"技术改造工作。推进散货码头皮带机系统节能控制技术的推广应用。针对以燃油为动力的水平运输车辆、流动机械提倡采用先进内燃机节油技术，降低内燃机燃油消耗。

（2）新码头建设和老港区的功能调整，应优化港区布局和码头设计，利用信息技术，加强港口科学生产调度，优化运输组织结构。减少单车单放空驶现象，降低设备的空驶率，提高运输效率，降低装卸的单耗；合理配备装卸机械和工具，使工艺流程先进、合理、科学。

（3）新建港区或在老港区电网改造时，应与供电部门相结合，积极采用先进技术，治理高次谐波，减少高次谐波产生的附加损耗，提高港区电网供电质量。大型专业化码头应推广变频调速、自动化系统控制技术，减少电能在传输过程中的消耗；充分利用港口装卸过程中产生的回馈能源，减少能源浪费。

（4）积极推广绿色照明工程，科学、合理地控制照明亮度。如采用分段或分时控制照明亮度、调整功率、无功补偿、高精度稳压等方式降低电能消耗、延长灯具使用寿命。应采取有效的减噪措施，减少工程施工期间和码头生产运营期间的噪声，努力改变生产作业环境，努力营造和谐的环境。

（5）政府应健全节能减排监督管理体系。要充分利用信息管理系统等现代化手段，加强节能统

节能减排监督

筹工作，以提高效率、减少能源浪费；进一步完善节能减排监察制度，加大港口业重点耗能设备和运输装备的抽查检测力度，对达不到节能减排指标的设备要坚决淘汰。加大节能减排政策扶持力度，对节能技术与产品推广、重点行业的节能技术改造、重大节能技术示范工程、宣传培训、信息服务、表彰奖励以及节能监督管理体系建设给予政策支持。

九、会思考的交通

我们小时候看过一部电影，男主人公因一次偶然的机会获得了一部智能汽车，它不但能够自动驾驶，还能与主人对话，甚至帮主人解围，也因此发生了一系列有趣的事情。当

有智商的汽车

时觉得太不可思议了，汽车怎么可能会思考呢！事实上，电影里的情节现在在我们身边悄然出现……

1. 有智商的汽车 想象一下，当你的汽车能自动检测到油箱内剩余油量，若油量不足，它会在你开会的间隙，自动行驶到加油站加油；当你出差回来走出机场时，汽车早已按事先接收的信号从小区车库开到机场停车场等候；当你坐在车里突然想听点流行音乐时，只要对着汽车说一声，它就能从庞大的数据库中把歌曲搜索出来，这是一种多么美妙的生活啊！

当然，智能汽车的智慧并不仅限于这些，就跟我们人类一样，它的智慧是不可估量的。怀着对"随心所欲"生活方式的憧憬，人们一直不断

探索如何提高汽车的"智商"。曾经，车辆自动驾驶一直是司机的梦想，虽然现实中车辆控制系统（辅助驾驶或自动驾驶）离完全自动驾驶的水平尚远，但技术正在不断进步着。通过安装在汽车前部和旁侧的雷达或红外探测仪，汽车可以准确地判断车与障碍物之间的距离，遇紧急情况，车载电脑能及时发出警报或自动刹车避让，并根据路况自己调节行车速度。目前，美国已有3000多家公司从事高智能汽车的研制，并已推出自动恒速控制器和红外智能导驶仪等高科技产品，其他国家的企业也不甘落后，汽车业内已经掀起了一股智能汽车产品和智能概念车的热潮。

（1）通用EN-V电动联网概念车。

2010年5月1日至10月31日在上海世博会上汽集团通用汽车馆内公开展示的通用概念车(Electric Networked-Vehicle)，让我们看到了汽车界为低碳所作出的努力，双人座EN-V电动联网车体积小巧、移动便利，目前一个传统汽车的停车位可以容纳五辆这种车。双座EN-V电动联网车将电气化和车联网两大技术充分融合，是通用汽车对未来城市个人交通的最新解决方案，使未来城市交通实现零油耗、零排放、零堵塞和零事故。

EN-V采用电动机驱动，电动马达可以通过制动能量回收技术为电池充电，电池散热则是通过风冷，充满电可以行驶40公里，最高时速40km/h。EN-V的车联网技术通过整合全球定位系统(GPS)导航技术、车对车交流技术、无线通信及远程感应技术，奠定了新的汽车技术发展方向，实现了手动驾驶和自动驾驶的兼容。在自动驾驶模式下，EN-V能够通过对实时交通信息的分析，自动选择路况最佳的行驶路线，从而大大缓解交通堵塞。除此之外，通过使用车载传感器和摄像系统，EN-V可以感知周围环境，在遇到障碍物或者行驶条件发生变化时能够作

通用EN-V电动联网概念车

出迅速的调整。这种和其他车辆及道路基础设施的信息交换能在很大程度上减少交通事故的发生。

(2) 德国大众one概念车。

德国大众的one概念车向人们展现了大众对于2028年概念车的理解，one概念车是未来城市交通工具的理想模型，该车强调了Car-to-X汽车网络化理念。

Car-to-X汽车网络化理念认为未来车辆之间将建立网络沟通，结合公路资讯系统，整合每辆车的位置、速度和道路状况等资讯，通过中央电脑的处理，将资讯传递至车辆，便得以避免交通堵塞、交通意外，甚至可以协助寻找停车位。

通过Car-to-X网路架构，当驾驶员准备驶上高速公路系统时，控制中心将视现行路况，告知驾驶员适当的时机和车速，使车辆得以顺利汇入高速公路车流之中。而在市区交通高峰时段，通过网络沟通，同向车辆也能形成列车般的车流，在控制中心的规划下，以同步速度前进，并搭配交通标志，以达到最为顺畅的市区交通情形。此外，Car-to-X网络未来也将提供完整的停车资讯，控制中心可以掌握停车位的使用情形，驾驶员仅需输入目的地，控制中心便可将车辆导航至最近的停车空位。同时，可变底盘的设计，也让one概念车得以顺利进入停车空间。

大众one概念车

(3) 新凯美瑞240 VG-Book智能副驾。

对车主来说，都希望自己的座驾能变得像《变形金刚》中"大黄蜂"那样"体贴"，能够与自己密切沟通，在各种危险状况下帮助自己化险为夷。现代科技的发达程度当然还不足以把"大黄蜂"从荧幕搬到马路上，但随着信息科技与汽车工业的进一步携手，我们惊喜地发现，那些曾经只在电影镜头中出现的景象正逐渐进入我们的实际生活中。丰田的G-Book智能副驾自2009年5月在广汽丰田新凯美瑞上导入,便被车主们称为"贴心秘书"、"贴身保镖"。

新凯美瑞G-Book是个有思想的出行伙伴,它的导航能力很强大,一切导航设定都由信息中心的话务员代劳,确认目的地后20秒内开始自动导航。除了触摸屏幕的一个小动作,整个过程只需要通过语音指令便能完成。而且G-Book还有预约导航的功能。比如你想第二天早晨去某个地方,只要在前晚致电服务中心,话务员就会按照要求将导航信息发送到车上,第二天车辆启动时,导航自动开始工作,这种体贴的智能化服务让人很省心。此外,G-Book智能副驾还具备G路径检索功能,能根据最新的交通信息和相关历史数据,为车主提供最快捷路径建议。导航地图以5分钟/次的更新频率显示路况,通过红黄绿三种颜色在地图上显示堵塞状态,帮助车主避开阻塞路段,有效节省时间。

在G-Book的发源地日本,被盗通知、道路救援和紧急通报等安全方面的服务是最终使消费者决定使用G-Book服务的最重要原因。被盗通知是G-Book智能副驾所特有的服务,当系统检测到引擎盖、车门、后备箱被以非正常方式打开或有人侵入车内时,服务中心就会进行确认,通过电话或短信通知顾客,并可以对被盗车辆的位置信息进行检索和追踪,向公安机关报警,协助公安机关寻找车辆。也就是说,一旦车辆被盗,你可以安坐在办公室内,通过用电话指令遥控协调,便可以轻松地找回爱车。

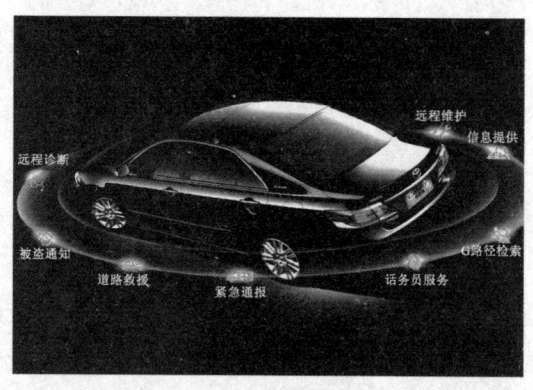

G-Book智能副驾

(4)传统汽车的智能化改造。

将传统汽车全部替换为智能汽车并不是一个很经济可行的办法,也许不久的将来可以在普通车上装上一种"车辆协同系统",将其改造为智能汽车。这个系统之于汽车就像CPU之于电脑,能指路、自动找停车位、付停车费,省时又省力。更重要的是,装上了系统后,车辆能够通过无线局域网、红外线以及短距离无线通讯与其他车辆及红绿灯与停车位等基础设施进行交流,有利于疏通交通拥堵。目前欧洲多国的科学家已经在对这个系统展开测试,相信不久的将来传统的汽车也能有点"小聪明"。

2. 道路也要思考 深海中的巨大鱼群,万千鱼儿集聚成团,却又同时各行其道,不会互相阻碍,更不会相互碰撞。除了得益于鱼儿的自我判断力,大海作为传递信息的介质,发挥了重要而不可替代的作用。同样也可以说,实现智能交通既离不开智能汽车,也离不开智能道路。

(1)让道路像交警一样指挥车辆。

生活在大城市,经常碰到这样的情况:理论上10分钟一趟的公交车,有时候会等半个小时也不来,而有时候又一来就是连续几辆。这种情况既不方便乘客,又浪费了公交车的资源,解决这个问题的最好办法之一就是让道路"学会"像交警一样指挥车辆。

智能道路,就是要应用通信和信息技术手段,使车与路、车与车能够交换信息,驾驶员可以通过获得的信息更安全和有效地驾驶车辆;而道路可以把每一辆车都作为信息源,不仅仅得到速度、交通量等信息,还有车辆所处位置的降雨量、路面的摩擦力、驾驶员制动的频度等,这些信息得到综合后可以更准确地反映道路交通运行状态,这些状态信息除了提供给驾驶员外,还可以为管理部门进行道路控制和协调提供支撑。智能交通的本质就是体现车辆与道路是互动的,车辆与道路互为信息源。

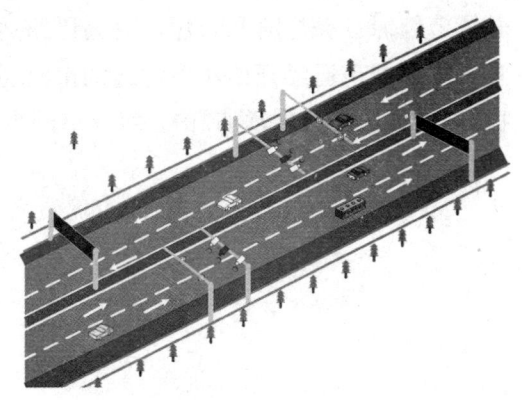

智能道路系统

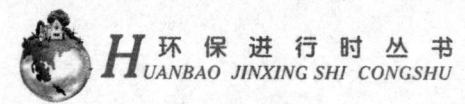

智能道路系统借助专用的短程通信技术，形成基于路侧设备和车辆的局域网络，将车载和路侧设备采集到的信息集成到系统中，并直接传递给车辆，从而驾驶员或自动驾驶的汽车可以直接获知信息，并根据获得的信息改变或维持行驶状态。在这种情况下，车辆就不仅仅只是一个出行的工具，而是整个交通信息体系的一个传输节点，和路侧设备一起作为通信终端和智能终端，将信息接力传递给前后方的车辆和沿线的路侧设备。

（2）移动信息化技术。

在广州亚运会期间，为解决交通问题，中国移动推出了"城市管理移动信息化智能交通"业务，把移动信息化技术融入到智能交通项目中，制订集GPS定位、GPRS传送行车数据、数据挖掘、移动信息发布平台等技术于一身的移动信息化整体解决方案，可以实现车辆监控调度、电子站牌、电召服务等功能。该业务全面覆盖了广州约1.8万部出租车、1100多辆公交车、330多个电子站牌和70多条公交线路。

（3）交通监管系统。

交通监管系统是道路交通指挥的另一个帮手。该系统类似于机场的航空控制器，它将在道路、车辆和驾驶员之间，通过手机短信、广播电台等建立快速通讯联系。哪里发生了交通事故，哪里交通拥挤，哪条路最为畅通，该系统会以最快的速度提供给驾驶员和交通管理人员。而交通流量分析则可以自动地根据车流情况，预判某段道路未来某段时间的拥挤程度，并调节红绿灯亮灯时间长短，提高道路运行效率。据了解，该系统在北美几个主要城市已经开始应用，纽约市交通部门采用该系统后，道路通行量提高3倍，通行速度增加2倍，每年可减少200万小时的车辆延误时间。

第六章

低碳交通，新能源引领新未来

一、新能源的开发

经过三次工业革命后,全球面临能源枯竭、气候变暖的危险,新能源革命应运而生。低碳经济将是未来几十年经济发展的方向。第一次产业革命发现了能源,以能源替代手工劳动提高了生产率,其核心是蒸汽机;第二次

开发新能源

产业革命发现了如何传输能源,使能源生产规模化,降低了成本,其核心是电力;第三次产业革命使信息处理速度加快,从而大大提高了生产率,其核心是计算机和互联网。业内人士预言,第四次产业革命的核心是大力开发和利用清洁的、可再生的新能源,防止能源枯竭,防止气候变暖。

事实上,新能源开发已经成各个国家发展的战略重点,全球已经达成一致的行动目标。联合国气候变化框架公约指出,2050年全球温室气体排放要减少50%;《京都议定书》规定,2008～2012年主要工业发达国家要比1990年二氧化碳排放减少5.2%,其中,欧盟削减8%,美国削减7%,日本和加拿大削减6%;哥本哈根会议要求,2020年要在1990年的基础上再减少30%;中国承诺截至2010年单位GDP能耗要比2000年减少20%,主要污染物排放减少10%。

未来的低碳经济是以减少温室气体排放为目标构建的一个以低能耗低污染为基础的经济发展体系,包含低碳能源系统、低碳技术和低碳产业体系。通过对高排放的高碳经济(煤炭、钢铁、有色金属等)征收碳税和排

放许可权交易(CER),补贴低碳或零排放经济(主要是清洁能源),达到减少二氧化碳排放和解决气候变暖问题的目的,从而形成低碳经济体系。因此,可以预计,碳交易将成为全球最大的市场。《京都议定书》规定2012年减少50亿吨二氧化碳排放量,预计2020年分配给发达国家440亿吨,市场价值444亿美元。此外,清洁发展机制(CDM)还允许发达国家购买发展中国家的经核证的减排量,用于完成其承诺的减排指标。《京都议定书》规定发达国家需要在2008~2012年通过CDM购买2亿~4亿吨二氧化碳。

就中国而言,有资料表明,2020年低碳经济发展的资金需求预计为700亿~1400亿美元;2030年预计为2000亿~3000亿美元;2050年时为4000亿~7000亿美元。所以,在未来的低碳经济体系中,新能源的开发和利用无疑是最亮丽的风景。

当今世界,水能、太阳能、核能、风能、生物质能、地热能、海洋能等新能源产业及其技术快速发展,已成为缓解能源危机、改善现有能源结构的重要途径,高度关注新能源产业的发展成为当前各国政府的首要任务。2008年爆发的国际金融危机对新能源领域的发展产生了一定的影响,它既带来了产业发展的融资困难,也带来了借新能源振兴经济的发展机遇。

二、太阳能

我国具有丰富的太阳能资源,太阳能较丰富的区域占国土面积的2/3以上,年辐射量超过60亿焦/平方米,每年地表吸收的太阳能大约相当于1.7万亿吨标准煤,具有良好的太阳能利用条件。特别是西北、西藏和云南等地区,太阳能资源尤为丰富。

太阳能光伏发电是目前成熟的技术,其应用的市场障碍主要是成本过高以及硅材料短缺。目前，光伏发电的成本在4~6元/千瓦时左右，离商业化应用还有一定距离。但是，自2004年，在国际光伏市场尤其是德国、日本市场的强大需求的拉动下，我国的光伏产品生产能力迅速扩张，包括晶体硅片和太阳能电池的生产能力以及太阳能电池组件的封装能力都大为增加，形成了一批具有国际竞争力和国际知名度的光伏电池生产企业。2000年，我国光伏组件的生产能力不到10兆瓦，但到2008年年底，我国光伏电池产量已达到2500兆瓦，居世界第1位，呈跳跃式发展。自2006年以来，一些光伏生产企业又鉴于光伏产业链的发展不平衡的局面，即上游环节（硅锭/片的生产）能力小，下游环节（组件的封装）能力大，造成国际市场多晶硅原料的紧缺和涨价，导致硅材料的生产得到发展，2007年已经形成了1000吨的生产能力，2008年形成了4000吨的生产能力。截至2010年，我国的光伏发电产品产量已经突破5000兆瓦，成为世界最大的光伏电池生产国。

荷兰馆中的太阳能汽车

在太阳能光伏市场应用方面，2002~2004年，国家组织实施了"送电到乡"工程，中央和地方财政共安排47亿元资金，在内蒙古、青海、新疆、四川、西藏和陕西等12个省（市、区）的1065个乡镇，建设了一批独立的光伏、风光互补、小水电等可再生能源电站，其中光伏电站占大部分，应用了1.7万千瓦的光伏电池，促进了国内光伏产业的兴起。但由于光伏发电价格高昂，与主要依赖于国际市场蓬勃发展的产业相比，国内光伏市场发展步伐稍缓，一直处于稳步发展和上升状态，特别是各地结合城镇建设，推广屋顶计划、路灯等太阳能发电产品的应用。到2008年年底，累计光伏发电容量为20万千瓦，其中40%左右为独立光伏发电系统，用于解决电网覆盖不到的偏远地区的居民用电问题。此外，通信等工业领域和光伏消费品的市场份额也在增长。考虑到经济成本和产业持续发展的需要，我国的光伏发电采取了稳步发展的策略。今后5至10年内，我国光伏发电系统的应用一方面还将以户用光伏发电系统和建设小型光伏电站为主，解决偏远地区无电村和无电户的供电问题，将建设光伏发电20万千瓦，为200万户偏远地区农牧民（即目前我国1/3的无电人口）提供最基本的生活用电。另一方面，借鉴发达国家发展屋顶系统的经验，在经济较发达、城市现代化水平较高的大中城市，在公益性建筑物和其他建筑物以及道路、公园、车站等公共设施照明中推广使用光伏电源。此外，还将开展大型并网光伏系统的示范，以便为光伏发电成本下降到一定水平时开展大型并网光伏系统的大规模应用做准备。

在太阳能热利用方面，太阳能热水器市场稳步推进。目前最广泛应用的技术是太阳能热水器，主要用于提供生活洗浴热水，为提高中小城市居民的生活质量发挥了重要作用。到2008年，我国太阳能热水器总集热面积运行保有量为1.35亿平方米，年生产能力超过2500万平方米，比2007年增长10%，使用量和年产量均占世界总量的一半以上。太阳能热水器的推广已基本实现了商业化，形成原材料加工、产品开发制造、工程设计和营销服务的产业体系，带动了玻璃、金属、保温材料和真空设备等相关行业的发展，成为一个产业规模迅速扩大的新兴产业。我国自主创新的真空管热管技术，其水平居于世界领先地位，真空管热水器在我国得到了广泛应用，年产量超过1600万平方米，占世界真空管热水器市场的90%以上。同时真空

太阳能路灯

管热水器以其优良的性能，出口亚洲、欧洲、非洲等几十个国家。我国将继续在城镇推广普及太阳能与建筑结合、太阳能集中供热水工程，并建设太阳能采暖和制冷示范工程。

三、生物质能

我国生物质能资源种类繁多，利用技术多样，可发展生物质能还是困难重重。生物质能包括农作物秸秆、林业剩余物、油料植物、能源作物、生活垃圾和其他有机废弃物。目前，每年可作为能源使用的农作物秸秆资源量约为1.5亿吨标准煤，林业剩余物资源量约2亿吨标准煤，小桐子、油菜籽、蓖麻、漆树、黄连木和甜高粱等油料植物和能源作物潜在种植面积可满足年产5000万吨生物液体燃料的原料需求。工业有机废水和禽畜养殖场废水资源量可以生产沼气近800亿立方米，相当于5700万吨标准煤。根据我国生物质能利用技术现状，将重点发展沼气、生物质发电、生物质液体燃料等。我国的沼气利用技术基本成熟，尤其是户用沼气，已经有几十年的发展历史。自2003年，农村户用沼气建设被列入国债项目，中央财政资金年投入规模超过25亿元，在政府政策的大力推动下，户用沼气已经形成了规模市场和产业。自2000年，畜禽场、食品加工、酒厂、城市污水处理厂的大中型沼气工程也开始发展，到2008年年底，全国已经建设农村户用沼气池3000万个，生活污水净化沼气池14万处，畜禽养殖场和工业废水沼气工程达到2700处，年产沼气约100亿立方米，为近8000万农村人口提供了优质的生活燃料。同时，随着沼气

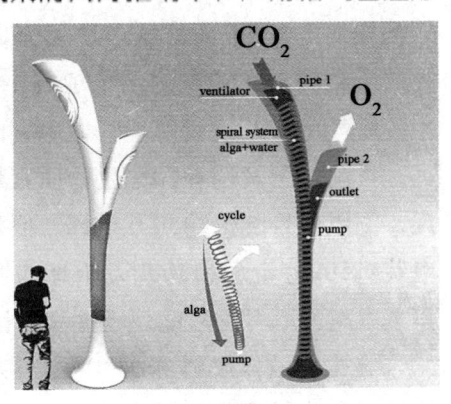

生物质能

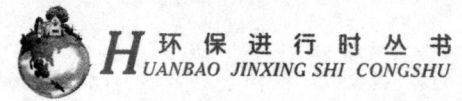

技术不断进步和完善,我国的户用沼气系统和零部件基本实现了标准化生产和专业化施工,大部分地区建立了沼气技术服务机构,具备了较强的技术服务能力。大中型沼气工程工艺技术成熟,已形成了专业化的设计、施工队伍和基本完备的服务体系,具备了大规模发展的条件。

2007年7月,国家农业部颁布了《农业生物质能发展规划》,提出到2015年,建成一批农业生物质能基地,技术创新和产业发展体系基本建成,开发利用成本大幅度降低,初步实现农业生物质能产业的市场化。生物质能产业成为农业发展的重要领域,对促进农民增收、改善农村生活条件、建设社会主义新农村作用日趋明显,成为保障国家能源安全、保护生态环境的重要力量。到2010年,全国农村户用沼气总数达到4000万户(新建1800万户),占适宜农户的30%左右,年生产沼气155亿立方米。到2015年,农村户用沼气总数达到6000万户,年生产沼气233亿立方米左右,逐步推进沼气产业化发展。新建规模化养殖场、养殖小区沼气工程4000处,年新增沼气3.36亿立方米;建成规模化养殖场、养殖小区沼气工程8000处,年产沼气6.7亿立方米。

除沼气外,我国其他生物质能技术的应用仍处于产业化发展初期。在生物质发电方面,已经基本掌握了农林生物质发电、城市垃圾发电、生物质致密成型燃料等技术,但目前的开发利用规模还有待扩大。到2006年,全国生物质发电装机容量超过220万千瓦,其中蔗渣发电170万千瓦,碾米厂稻壳发电5万千瓦,城市垃圾焚烧发电40万千瓦,此外还有一些规模不大的生物质气化发电的示范项目,截至2008年年底,共投产150万千瓦。生物质气化以及垃圾填埋气发电方面,2007年投产10万千瓦,在建20万千瓦。目前,全国约有10个生物质直燃发电项目在建,装机规模超过20万千瓦,混燃项目装机约50万千瓦。但是,对于达到2010年和2020年生物质发电装机500万千瓦和3000万千瓦的发展目标,仍需解决资源分散、原料收集成本高、原料供应的连续性和保证度等问题。

在生物液体燃料方面,为了缓解石油供需矛盾,国家积极推进生物液体燃料技术的研发和试点示范工作。"十五"期间,国家批准建设了4个以陈化粮为原料的生物燃料乙醇生产试点项目，形成年生产能力102万吨。自2004年，先后在黑龙江、吉林、辽宁、河南、安徽5个省及河北、山东、江苏、湖北4个省的27个地市开展车用乙醇汽油试点工作，2006年产量达到了165万吨。

乙醇汽油

2007年以来，国家开始限制以粮食为原料的燃料乙醇生产，燃料乙醇的发展势头变缓。

目前，我国以甜高粱、木薯为原料的燃料乙醇和以小桐子为原料制取生物柴油已开展了小规模试验，为大规模开发利用生物液体燃料积累了经验。到2010年，燃料乙醇的年生产能力已经达到200万吨，生物柴油的年生产能力可达到20万吨，总计年替代200万吨成品油。与此同时，我国的部分企业正在研究开发以秸秆、木材等非粮为原料的生物液体燃料技术，已取得了一定的突破，已经在2010年形成规模化生产能力。但是从总体来看，不论是生物质发电还是生物液体燃料的发展，要达到可再生能源中长期发展规划的目标，局势扑朔迷离、困难重重。

四、核能

目前，我国已形成了浙江秦山、广东大亚湾和江苏田湾3个核电基地，在役核电机组11台，总装机容量达到910万千瓦，占全国电力装机容量的1.3%。2007年，我国核电发电业绩继续保持了较快的增长势头，发电量为629亿千瓦时（占全国总发电量的1.92%），上网电量为593亿千瓦时，同比分别增长14.59%和14.39%。2007年，核电总发电量折算成煤

耗，相当于少燃烧了1860万吨煤，减少了温室气体的排放。2008年我国核电发电量为683.94亿千瓦时，同比增长11.6%，核电建设进展顺利。自主设计建造的二代改进型核电新项目开始批量建设。"十五"末期和"十一五"前期开工建设的岭澳二期和秦山二期扩建工程两台机组的工程建设已进入主设备全面安装阶段；辽宁红沿河、福建宁德、广东阳江、福建福清、浙江方家山等核电工程相继开工建设，海南昌江已获得国家批准建设。我国已具备核电加快发展的基础。目前，国内共有10台机组994万千瓦在建，14台机组1512万千瓦已核准即将开工建设。《核电中长期发展规划（2005-2020年）》的实施，在促进我国核电自主化发展战略的实施，合理安排核电建设项目，做好核电厂址的开发和

核电站

储备，建立和完善核电安全运行及技术服务体系，配套和落实核燃料循环及核能技术开发项目的保障条件等方面发挥了积极作用，为推动核电进入快速发展阶段奠定了基础。从市场需求、资金、厂址、设计、建设、人才队伍、设备制造、核燃料供应等方面看，我国已基本具备加快核电建设的基础条件。

我国核电发展展望第三代核电技术的引进和消化吸收将进一步促进我国核电发展。第三代核电技术吸取了13000堆/a的运行经验，充分利用几十年来的科技进步成果，按照当前新的核安全法规设计，把严重事故作为设计基准，采用简化的非能动安全系统，提出严重事故预防与缓解措施，并采用先进成熟的数字化仪控系统，通过多样化的安全级、非安全级仪控系统避免发生共模失效等。同时，第三代核电技术单机容量进一步大型化、施工建设模块化以缩短工期，提高核电安全性和经济性，反映了核电

技术正在向更安全、更经济的方向发展。第三代核电技术的引进和消化吸收，对我国在先进压水堆核电技术方面取得突破，并瞄准国际核电市场，力争率先实现批量生产及商业化应用，尽快形成自主化批量建设中国品牌先进核电站的综合能力，提高核电综合竞争力，实现我国核电技术的跨越式发展方面，具有重要意义。当前，我们应积极落实国家发展第三代核电技术的战略决策，稳健推进AP1000技术引进和消化吸收工作，为我国核电产业发展开创新的篇章。核电在我国具有广阔的发展空间。基于远期我国能源需求预测，2020年以后，我国核电还会有更大的发展空间，希望通过全面技术转让和示范工程建设，完成对引进的先进核电技术的消化吸收，并在此基础上积极开展自主创新，最终实现第三代核电技术自主化和批量化建设的目标。不仅如此，我国应坚持更为长远的热中子堆-快中子堆-聚变堆"三步走"的核电技术总体发展战略，持之以恒，积极探索，满足社会经济发展对核电发展的要求。

五、海洋能源

海洋能源通常指海洋中所蕴藏的可再生的自然能源，主要为潮汐能（包括潮流能）、波浪能、海流能、海水温差能和海水盐差能。更广义的海洋能源还包括海洋上空的风能、海洋表面的太阳能以及海洋生物质能等。究其成因，潮汐能和潮流能来源于太阳和月亮对地球的引力变化，其他均源于太阳辐射。海洋能源按储存形式又可分为机械能、热能和化学能。其中，潮汐能、海流能和波浪能为机械能，海水温差能为热能，海水盐差能为化学能。

1. 潮汐能开发利用技术　目前，国内尚无制造大型潮汐发电机组的经验。潮汐电站中，水轮发电机组约占电站总造价的50%，且机组的制造与安装又是电站建设工期的主要控制因素。法国朗斯电站采用的灯泡贯流式机组属潮汐发电中的第一代机型，单机容量为1万千瓦，加拿大安纳波利斯电站采用的全贯流式机组为第二代机型，单机容量为2万千瓦。中国的江厦电站机组参照法国朗斯电站并结合江厦的具体条件设计，单机容量为500~700千瓦，总体技术水平和朗斯电站相当。"八五"期间，在原国家科委重点攻关项目计划的支持下，中国也研究开发了全贯流机组，单机容量为140千瓦，并在广东梅县禅兴寺低水头电站试运行。全贯流机组比灯泡贯流机组的造价可降低15%~20%。总的来说，潮汐发电机组的技术已成熟，朗斯电站机组正常运行已超过40年，江厦电站也已正常工作了20多年。这些机组的制造是基于20世纪六七十年代的技术，利用先进制造技术、材料技术和控制技术以及流体动力技术设计，对改进潮汐发电机组性能，降低成本和提高效率等方面仍有很大的潜力。江厦潮汐试验电站的6号机组低水头全贯流发电机的研发是在国家"863"计划和国家电力公司的支持下完成的，与先前的机组相比，新机组比第一台机组的功率提高了40%。由于诸多因素的限制，中国目前尚无制造万千瓦以上级别的潮汐发电机组经验，但通过技术攻关和合作，在未来3~5年内将具备制造万千瓦级潮汐发电机组的能力。改进施工方法和综合利用是提高潮汐电站经济效益的重要措施。国内外的经验表明，为了提高潮汐发电的竞争性，综合利用是非常有效的方式。朗斯潮汐电站的建立，带动了当地的旅游业，旅游收入甚至超过了电价收入。江厦潮汐试验电站的建立，在获得清洁电能的同时，还在围海造

潮汐能

地、发展海水养殖、旅游等方面创造了巨大的社会效益和经济效益，其不仅是我国最早建成的可再生能源利用的试验基地，而且也必将成为我国发展循环经济、建设资源节约型社会的示范基地。目前，江厦潮汐试验电站已经被浙江省有关部门列为青少年科普教育基地，具备研建万千瓦级中型潮汐电站的能力。我国潮汐能开发已有较好的基础和丰富的经验，小型潮汐发电站技术基本成熟。

中国的低水头潮汐发电机组已经出口到韩国，未来也可能成为一种新兴产业。我国潮汐能开发是独立进行的，国家在潮汐能利用技术方面的投入比风能和太阳能少得多，没有进口国外技术和设备，综合利用方面比国外开展得好。存在的问题是装机容量小，单位造价高于水电站，水轮发电机组尚未定型标准化，电站水工建筑的施工方法和技术与国际先进水平比，尚有一定差距。

2. 潮流能开发利用技术 我国较为系统的潮流能发电技术研究开始于1982年，与国外潮流能发电技术相比，我国在潮流能发电技术研究与开发方面与世界先进水平相差并不悬殊，均处于试验阶段，但在机组的大小和装机容量上有很大差距。目前，潮流能利用涉及很多需要解决的关键问题，例如，潮流能具有大功率低流速特性，这意味着潮流能装置的叶片、结构、地基（锚泊点或打桩桩基）要比风能装置有更大的强度，否则在流速过大时可能对装置造成损毁；海水中的泥沙进入装置可能损坏轴承；海水腐蚀和海洋生物附着会降低水轮机的效率和减少整个设备的寿命；漂浮式潮流发电装置也存在抗台风问题和影响航运问题。因此，未来潮流能发电技术研究要研发易于上浮的坐底式技术，以免影响航运，并且要易于抗台风和易于维修，还要针对海洋环境的特点研究防海水腐蚀、海洋生物附着的技术。

3. 波浪能开发利用技术 国外目前研制的波浪能装置是针对当地的波况设计的，适合于长波的能量转换，不适合短波为主的我国海况。我国波浪能发电技术应采取易于批量化生产的漂浮式或沉箱式装置，从效率上考虑应加强特殊设计以适合我国波浪特点，并借鉴美国的

PoweBuoy技术及英国的WaveHub技术，建立海上波浪发电场，扩大应用规模。我国处于太平洋西岸，波浪能能流密度为2～7千瓦/米，年最大能量波周期约为4～6秒。与处于西风带大洋东海岸的欧洲、北美、南美、澳洲等波浪能丰富地区相比，我国的波浪主

波浪能

要由东北、西南季风生成，具有周期短、风浪成分高（随机性高）的特点，另外，还易受台风影响。因此，要适合我国发展波浪能技术需满足以下条件：一是提高抵御台风的能力。台风具有巨大的破坏力，靠波能装置自身结构抵抗台风可靠性较小，且会造成装置成本过高。明智的办法是采取躲避方式。漂浮式波能装置可以通过下潜躲避台风，有利于提高装置抗台风能力。固定式波能装置无法躲避台风，应采取有效的措施降低波浪破坏力。二是对短周期浪具有较好的响应。我国的波浪周期较短，要使波能装置在短周期浪下有较好的转换效率，波能装置应具有较小的惯性，较大的水动力学刚性。前者要求装置的运动部件应具有较轻的结构，后者要求装置的运动部件应具有适当的形状和质量分布，使之在运动过程中产生合适的恢复力。鸭式和摆式经特殊设计，可以具备上述特性，这正是创新点之一。三是利于大规模和批量生产。波能装置的主要成本在建造费用上。沿岸固定式波能装置需要在岸边爆破、清渣、固定锚杆、浇灌混凝土，施工面狭小，地势复杂，设备难以施展，工效低下，难以实现批量化，建造成本很高。

六、风能

在20世纪80年代后期和2004—2005年间,我国政府分别组织了两次全国风能资源普查,得出陆地10米高度层风能技术可开发量分别为2.53亿千瓦和2.97亿千瓦的结论。联合国开发署太阳能风能资源评价研究对我国风电资源的评价却大大高出该结论,其指出,我国可利用的陆上风能资源在10亿千瓦以上。中国工程院综合现有的风能资源研究结果,提出我国陆地风能资源的基本结论:10米高度层理论储量在40亿千瓦以上,技术可开发量的底线为3亿千瓦,实际可开发面积约20万平方千米。如果按照现有的技术水平,在50米高度层上,1平方千米布置6~8兆瓦风机,我国20万平方千米陆地可开发面积上风能技术可开发量达到14亿千瓦。我国风能资源丰富的地区主要分布在东南沿海及附近岛屿、内蒙古、新疆和甘肃河西走廊以及东北、西北、华北和青藏高原的部分地区等。

我国并网风电发展从20世纪80年代起步,"十五"期间发展较快,2006年后开始加速发展,总装机容量从2005年的126万千瓦增长到2008年的1200万千瓦,年增长率超过100%。风电装机容量在2004年位居世界第10位,到2008年底上升为世界第4位。风电特许权项目是促进我国风电规模化、国产化发展的重要因素。从2003年开始,国家连续组织5期风电特许权项目,以上网电价和设备的本地化率为条件,通过招标选择投资者。5期共计49个项目,确定了880万千瓦建设规模,有效地降低了风电的上网电价,促进了风电投资多元化,提高了风电装备国产化和本地化的能力。目前,我国已经基本掌握单机容量750千瓦以下大型风力发电设备的制造技术,2007年自主研发的直驱和引进技术消化吸收研制的1.5兆瓦风电机组已经投入试运行,并开始规模化批量生产,20亿瓦级以上的风电机组也进入研制阶段,并部分开始试运行。在国家风电设备国产化政策的有力推

动下，风电设备零部件制造水平也有了较大提高，具备了齿轮箱、叶片、电机等关键零部件制造能力。2008年在风电新增市场份额中，国内产品占65%左右，比2005年提高了近30个百分点；在累计市场份额中，国内企业占55%，国外企业占45%。此外，我国已经建成了250多个风电场，掌握了风电场运行管理的技术和经验，培养和锻炼了一批风电设计和施工的技术人才，并积极推动风力发电技术实验平台和人才培养机制的建设，为风电的大规模开发和利用奠定了良好基础。总之，我国的并网风电已经进入规模化发展阶段。

根据《国家可再生能源中长期发展规划》目标，到2010年和2020年，全国风电总装机容量将达到500万千瓦和3000万千瓦。"十一五"期间，将在我国风能资源丰富的地区，即东部沿海和西北、华北和东北地区，建设约30个100万千瓦等级的大型风电项目，在江苏、河北、内蒙古、甘肃、新疆等地形成6个1000万千瓦的风电基地。从2007年和2008年的发展形势判断，2020年实现装机容量1亿千瓦的目标前景良好。风电发展的长期目标是，大约在

风能

2020年，使得风电能够与其他常规能源发电技术相竞争，成为火电、水电之后的第三大常规发电能源，至少达到装机容量的8000万千瓦，积极创造条件实现1亿千瓦，占届时发电装机容量的10%。2040年或2050年实现5亿千瓦乃至10亿千瓦，在届时的发电装机和发电量中占据20%以上。为了实现这一战略目标，需要利用5到10年的时间，在2010～2015年期间，建立起具有国际竞争力的风电产业体系，为实现长期目标奠定技术、产业和人

才基础。

离网型小风电也是我国风电发展的重要方面。目前，我国已经形成了单个系统容量从100瓦到10千瓦的系列成熟的小风机产品，在2008年生产的50000多台小风机中，有20000多台出口到世界30多个国家和地区，创造了很好的经济效益和社会效益。世界各国普遍看好我国的风电市场，根据国际社会发展趋势，预计我国在2020年以后会超过德国和美国，成为世界最大的风电安装国家和最大的风电设备供应国家。根据各方专家的估计，到2020年，我国的风电装机有可能达到1亿~1.2亿千瓦。

风电工程

七、地热能

我国分布着3000多处天然温泉。温泉是地热资源的俗称和统称，具体来说，它包括温泉、热泉、沸泉、沸喷泉、间歇喷泉、喷气孔、水热爆炸等各种类型的地热显示。密集的温泉集中分布在两个条带，一是西藏经四川西部至云南西部；二是东南沿海地带，包括福建、广东、台湾和海南省，几乎全国各省市自治区都有温泉分布。

2000年，国土资源部制定了《中国地热资源规划》(2001–2010)，当时规划我国地热发展的速度大致等同于国民经济发展的速度。在2003年的

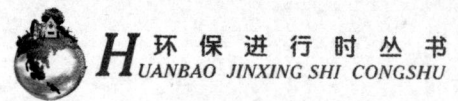

中期检查中,发现北京、天津等城市的地热发展速度较快,但内地的地热发展速度较慢,边远地区更慢。当时地源热泵在我国刚起步不久,发展还不快。但是,这种局面后来被地源热泵的快速发展打破了,近几年,地源热泵的高速发展带动了我国地热发展的总体速度。统计显示,1999年年末至2004年年末的五年中,我国地热平均每年累进增长速度为7.7%,但自2004年以来,我国包括地源热泵的地热每年累进增长速度约12%,其中最主要的是地源热泵飞速发展的功劳。

1. 常规地热资源的勘查与开发 我国由计划经济转轨市场经济后,国家对常规地热资源勘查的投入减少,但是,在北京、天津等大城市和沿海地区,开发商投资地热勘查和开发的热度经久不衰,他们的目的是经营地热赚钱,赚钱之后就有能力和兴趣投入新的开发。

我国中低温地热资源利用的能量一直居世界第1位,2006年利用的能量是11426十亿瓦/时。如果加上地源热泵的利用,总利用能量为16187十亿瓦/时,等于58.3×10^{15}焦,相当于节省了253万吨标准煤。2007年延续至2008年,我国地热供暖利用的发展迅速,常规地热供暖面积年增长约150万平方米,仅此一项扩大利用的地热能就为216十亿瓦/时。还有各地前赴后继的温泉休闲娱乐业开发,也一年胜一年地持续发展。相对来说,地热温室种植和水产养殖的增长幅度不如前者。浅层地热能的开发利用开发浅层地热资源的地源热泵应用技术和工程,这几年来发展飞快。因我国近几年的节能和减排目标完成得不好,地源热泵供暖工程显著的节能减排效益引起各地政府的重视。沈阳市政府规划全市新建和改建项目全都采用地源热泵工程,为保障完成目标任务,成立了沈阳市地源热泵规划建设管理办公室,又利用技术创新开发多种能源和实行混合式统一应用,充分发挥资源潜力,2008年在原有1500万平方米的基础上又新增1700万平方米。北京市对地源热泵项目提供优惠政策和安排一次性补助,北京的"十一五"规划中计划发展地源热泵项目争取2000万平方米,故每年的新增项目面积至少300万平方米。2009年在华东地区由于燃料紧张和减少污染的需要,许多中等城市也开始了地源热泵的发展。在这样的形势下,2008年全国地源热泵供暖总面积突破6000万平方米。

2. 开发地热发电的新动向 高温地热资源是得天独厚的自然资源优势,例如我国待开发的西藏羊易地热田,高温地热井的最高温度为207.16摄氏度,所蕴涵的热焓高达1397千焦/千克(沸水的热焓是418千焦/千克),其能量品位如此之高是太阳能和风能等可再生能源望尘莫及的。2006年的《西藏能源环境可持续发展战略研究》项目建议西藏改善电力供应,主要是发展水电,但用地热发电支持冬季水力发电还有所不足。

地热能

20世纪70年代,我国自行设计并成功研制7座中低温地热发电厂,装机容量为100~300千瓦,但运行数年后其中5座陆续关停,主要原因是:这类地热发电在技术上可行,但在经济上并不可行,也就是"不赚钱",不具备商业性,不如用电网发电。从目前形势来看,其实这是历史的偏见。在我们停步的30年间,国际上对这种中低温地热发电的双工质发电技术一直在继续研究,已有了较大的进步。在国内,我们也有螺杆膨胀动力机直接利用中低温汽水混合物发电的研究开发,现已达到1000千瓦级容量水平。

八、新能源、新交通、新未来

1. 新能源在汽车行业的应用 当前阶段,各国交通行业在新能源的运用上,主要体现在新能源汽车的发展上。近几年来,中国新能源汽车研究与运用取得了长足进步,大大缩短了与日本、美国和欧洲各等国的差距,而且取得了许多关键技术的重要突破,实现了动力系统和一些关键零部件开发的跨越性发展,形成了自主开发新能源汽车的小批量市场销售能力。

取得的成就有:

(1)形成布局较为合理的行业创新体系。早在电动汽车重大科技专项启动前期,中国政府就确立并坚持了"三纵三横"的研发布局,通过调整科技投入结构,在全国范围内选择、培育了一批创新点,初步建立了可以支撑未来中国新能源汽车行业发展的创新体系。按照新能源汽车行业创新体系的规划,"十一五"以来,利用国家"863"计划——节能与新能源汽车重大项目的渠道,中国进一步明确了新能源汽车技术攻关的组织实施路径,即确立了以整车开发为牵引,以动力平台为核心、以关键零部件和共性技术开发为纽带、以示范促进技术传播和市场培育的战略思路,进一步整合、集聚科研资源,创新体制机制,关注系列化、规模化产业链建设。

(2)显著提升关键零部件核心技术水平。经过多年的持续研发,中国已基本掌握了车用动力蓄电池、驱动电机、燃料电池发动机等新能源汽车关键零部件技术,新能源汽车核心零部件的研发水平已达到国际水平。

(3)形成初具规模的公共测试平台。经过几年的发展,中国已经建立起一批支撑新能源汽车产业化的公共检测试验平台,配备了现代化的检测、记录、分析设备和相关软件,具备了必要的静、动态测试条件,促进了新能源汽车关键零部件的研发。依托中国电子科技集团公司电池研究所和北方汽车质量监督检验试验所两个单位，建成了动力蓄电池测试技术平台，主要开展动力蓄电池综合性能评价等方面的工作。该测试技术平台设施于2001年初步建成，2002年形成检测条件和标准，2003年又增加多项电池检测实验和测试项目，2004年确立《电动汽车用动力蓄电池组性能测试规范》，近几年陆续提升了检测能力，丰富了检测服务内容。依托清华大学和同济大学，分别建成客车和轿车用燃料电池发动机测试技术平台。两个技术平台均采用高压氢气为氢源，用质量流量计测定燃料电池氢气消耗量，并依据电池的输出功率，在线计算其效率。依托北京理工大学，建成车用驱动电机及控制系统测试技术平台。该平台配备有各种先进的测试、分析仪器设备和相应的软件，具备完整的测试条件。

(4)逐步完善技术标准体系。1998年，中国在全国汽车标准化技术委员会内新组建了电动车辆标准化分技术委员会，成为第24个分技术委员会，主要负责相关技术标准的修订。目前，参与标准研究和制定工作的单位主要包括：中国汽车技术研究中心，天津清源电动车辆有限公司，东风电动车辆股份有限公司，一汽集团技术中心，清华大学和奇瑞汽车有限公司等单位，已完成了26项国家技术标准的制定工作。

(5)实现整车研制、示范运行及小规模生产的良性循环。中国现已掌握新能源汽车整车开发关键技术，形成了各类新能源汽车的开发能力，推出了一系列新能源汽车样车，开展了较有成效的示范运行，自主研制的新能源汽车已经小规模进入市场。目前，共有48个型号的各类电

新能源汽车

动汽车获得国家机动车新产品公告。

2. 中国新能源汽车行业的发展趋势 未来3到4年，在国家各项政策的支持下，中国新能源汽车制造企业科研开发能力和新产品推广能力将进一步提升，基本实现混合动力轿车的规模生产，实现混合动力客车在公交系统的大规模示范运行和商业化运行，有望实现纯电动汽车和燃料电池汽车的小规模进入市场。

(1)新能源汽车产量将快速增长。随着《关于开展节能与新能源汽车示范推广工作试点工作的通知》的颁布和实施以及由国家科学技术部和财政部共同实施的"十城千辆"电动汽车示范工程的深入开展，在未来3到4年间，在选定的13个城市，每个城市将推出1000辆以上的新能源汽车开展示范运行，并实行能源供应基础设施的大规模示范。到2012年有望推广使用6万辆节能与新能源汽车，并带动新能源汽车的规模化、产业化。这将有效地调动新能源汽车制造企业的积极性，不仅将促使新能源客车产量的快速增长，而且将引导以混合动力轿车为主的新能源轿车产量的增长。目前，随着奇瑞、长安和比亚迪自主品牌混合动力轿车的上市销售，中国混合动力轿车已取得了历史性的突破。按照部分企业对混合动力轿车发展的规划，在2011年前后，这些企业基本能具备超万辆的混合动力轿车产能。大规模示范运行政策的落实将有望促使这些企业扩大生产规模。

(2)动力蓄电池将基本实现规模生产。随着比亚迪、天津力神、比克、苏州星恒公司、湖南神州科技等一批国内企业陆续完成动力蓄电池生产基地的建设或生产线的改扩建，在未来3到4年内，中国动力

中国电子科技集团

蓄电池将基本实现规模生产，部分企业在磷酸铁锂电池方面的产能将超过

2万套。

(3)新能源汽车产业链将逐步得到完善。随着新能源汽车整车产量的快速增长和市场前景政策性利好的加剧,中国新能源汽车产业有望在未来3~4年内具备初始规模,产业体系将进一步完备,产业链将逐步得到完善。目前,国家电网公司等企业已完成新能源汽车充电站建设的前期技术储备;中国电子科技集团电池研究所、北方车辆研究所和国家电网公司等单位已完成动力蓄电池检测等软硬件技术配备。

九、流着"绿色血液"的汽车

上海世博会期间,预计有超过1000辆的新能源汽车在园区内服务。其中约300辆车为超级电容车和纯电动车,200辆为燃料电池车,都能够实现零碳排放;其余500辆车为包括混合动力车在内的低碳排放车,将在世博园区周边服务。这些流淌着"绿色血液"的新能源汽车有一个共同的特点:由自然供能!

加油难,难于上青天,对于这一情景,我们早已司空见惯。

当石油危机再一次来到我们面前时,大家不得不认真思考:我们真的就离不开石油吗?

答案当然是否定的!人类已经在寻找替代能源的道路上迈出了不小的步伐,世界各国公认为当前最理想的替代燃料汽车——燃气汽车已经在很多国家实现应用。当然,探索是无止尽的,从长远来看,燃气汽车也将被替换。目前,完全依赖于汽油的混合动力汽车的技术已经比较成熟,并已成功实现了商业化;主要由电力驱动的纯电动汽车、以氢气和甲醇等为燃料的燃料电池汽车、氢动力汽车和乙醇动力汽车等在技术上也取得了重要突破,并在不同的国家进行了部分商业化运营的尝试。

1. 燃气汽车 使用压缩天然气(CNG)、液化石油气(LPG)或液化天然

气(LNG)作为燃料,排放性能好,可调整汽车燃料结构,运行成本低、技术成熟、安全可靠,被世界各国公认为当前最理想的替代燃料汽车。

据有关研究资料介绍,与同功率的传统燃油汽车相比,天然气汽车尾气中的碳氢化合物含量可降低90%,一氧化碳可降低约80%,二氧化碳可减少约15%,氮氧化物可降低约40%,并且没有铅污染。中国的一些发动机研究机构表示,如果设计合理,且空燃比选择达到最佳化,则天然气汽车的排放将会低于目前世界上任何最严格的废气排放法规限值,并且有进一步降低的可能性。且由于天然气汽车直接燃烧的能源天然气从地下开采出来之后经过一定的净化处理即可使用,该过程总体上讲,不会对环境造成什么污染和危害。

此外,由于燃气汽车不需要对传统汽车结构进行根本性的改动,发展非常迅速。目前,燃气已经成为了世界汽车替代燃料的主流。

以燃气替代燃油是世界汽车发展的必然趋势,就像正在茁壮成长的青少年一

烧天然气的公交车

样,燃气汽车的发展需要外界给予多种"营养物质":第一,科学合理的燃气价格标准,既要使油、气保持合理的差价,保证燃气汽车的适度发展,又要在气价和汽车用户因用气节省的燃料费用之间调节好利益分配;第二,增加加气站数量,加气站之于燃气汽车就如加油站之于传统汽车,加气站的普及率在很大程度上决定了燃气汽车的推广效果;第三,政府优厚的补贴和政策支持,补贴和政策支持对购车者具有极大的引导作用。

2. 混合动力汽车 混合动力汽车采用传统燃料,同时配以电动机/发动机来改善低速动力输出和燃油消耗。简单地说,混合动力汽车就是由电动马达作为发动机的辅助动力来驱动汽车。在传统的汽车中,当司机踩制动时,这种本可用来给汽车加速的能量作为热量被白白浪费掉了。而混合动力车却能大部分回收这些能量,并将其暂时贮存起来供加速时再用。按照燃料种类的不同,混合动力车主要又可以分为汽油混合动力和柴油混合动力两种,国际市场上柴油混合动力车型发展非常快。

在新能源汽车家族中,混合动力汽车是最可望且可即的新能源汽车解决方案。随着油价的进一步提高,混合动力汽车节能的优势也更加突出:首先,混合动力汽车可按平均需用的功率来确定内燃机的最大功率,使自己处于油耗低、污染少的状态。当需要大功率驱动而内燃机功率不足时,可由电池补充;而负荷少时,富余的功率可发电给电池充电。由于内燃机可持续工作,电池又可以不断得到充电,故其行程和普通汽车一样。其次,混合动力汽车电池的存在使得汽车可以十分方便地回收制动、下坡和怠速运行时的能量,尤其是在繁华市区通行时可关停内燃机,由电池单独驱动,实现"零"排放。最后,混合动力汽车的内燃机可以十分方便地解决耗能大的空调、取暖、除霜等纯电动汽车遇到的难题,并可利用现有的加油站加油,不必再投资。

别克君越Eco-Hybrid油电混合动力车采用独立的电机——镍氢电池组动力辅助系统,配合2.4LECO智能发动机驱动汽车。在起步和加速等动能需求大的工况下,电动机自动启动发动机并提供动力辅助,减少燃油消耗,而当匀速行驶时则能自动对电池组进行智能充电。君越Eco-Hybrid还带有制动能回收和智能充电功能,

混合动力客运车

利用每一环节回收多余能量。经反复测试，君越Eco-Hybrid综合油耗下降达15%以上，由原来一百公里9.8L降至8.3L，90km/h等速百公里油耗仅为5.5L。在君越Eco-Hybrid的仪表盘上的显示项目还增加了"Auto stop(智能停机)"和"电池电量"显示，可以通过DVD导航屏显示的三维模拟图，来动态了解混合动力系统正处于何种工作模式，更有ECO节能指示灯培养车主高效节油的驾驶习惯。君越Eco-Hybrid油电混合动力车以绿色科技强化了"高效动力"，以时代环保理念为"大气、品位"赋予了更深的内涵。

3. **纯电动汽车** 纯电动汽车，顾名思义就是主要采用电力驱动的汽车，大部分车辆直接采用电机驱动，部分车辆把电动机装在发动机舱内，也有部分直接以车轮作为四台电动机的转子。

纯电动汽车本身不排放污染大气的有害气体，即使按所耗电量换算为发电厂的排放，除硫和微粒外，其他污染物也显著减少。而由于电厂大多远离人口密集的城市，对人类伤害较少，集中排放也使得清除工作较易。纯电动汽车的电力可以从多种一次能源获得，如煤、核能、水力、风力、光、热等，可解除人们对石油资源日见枯竭的担心。此外，纯电动汽车可充分利用晚间用电低谷时富余的电力充电，使发电设备日夜都能充分利用。有关研究表明，同样的原油经过粗炼，送至电厂发电，经充入电池，再由电池驱动汽车，其能量利用效率比经过精炼变为汽油，再经汽油机驱动汽车高，因

纯电池汽车

此有利于节约能源和减少二氧化碳的排量。

斯巴鲁纯电动车Rle的动力驱动是锂离子蓄电池,这种蓄电池结构紧凑,工艺简单,散热性好,在车载环境下可以使用12年或10万公里。单次充电可行驶80公里,最高时速为100公里,该车配置的电池组8分钟内就可以完成80%电量的补充,10分钟完成充电。

4. **燃料电池汽车** 燃料电池汽车以氢气、甲醇等为燃料,电池中的燃料通过与大气中的氧发生化学反应,产生出电能启动电动机,进而驱动汽车。燃料电池的化学反应过程不会产生有害产物,属于无污染汽车,且燃料电池的能量转换效率比内燃机高2~3倍。因此,从能源的利用和环境保护方面综合考虑,燃料电池汽车是一种理想的车辆。

与传统汽车相比,燃料电池汽车具有很多优点:零排放或近似零排放;减少了机油泄露带来的水污染;提高了燃油经济性;提高了发动机燃烧效率;运行平稳、无噪声。

燃料电池汽车实现了对燃油的完全替代,并因为零排放、效率高、振动噪音小等优势而被认定是未来汽车工业可持续发展的方向,是解决全球能源问题和气候变暖问题最理想的方案之一,世界主要汽车制造和销售国对燃料电池汽车一直持鼓励支持态度。美国政府对燃料电池技术的研究面很宽,尤其是对燃料电池技术的研究,不仅用于汽车领域,还拓宽到固定电站等其他应用领域。美国政府通过颁布政策法规,提供大量科研基金促进各研发机构和企业对燃料电池技术的开发,而各大汽车企业则侧重于对集成技术的开发。政府还通过向消费者提供经济补贴和税收减免,间接促进企业加大开发力度,推动燃料电池的产业化和商业化进程。除了联邦政府以外,各州政府也根据各自情况积极出台

燃料电池汽车

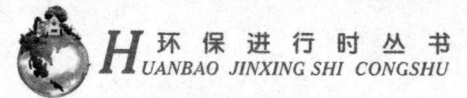

相应的激励政策和税收优惠措施,并开展大规模的示范运行。如佛罗里达州能源法规定:在营业税方面,从2006年7月1日到2010年6月30日,氢动力车及其所用材料、加氢站建设的年度税收上限为200万美元;在企业所得税抵免方面,从2007年1月1日到2010年12月31日,企业所得税或专利税可抵免的数额可计算成本。

中国长安汽车在2007年完成了中国第一台高效零排放氢内燃机点火,并在2008年北京车展上展出了自主研发的中国首款氢动力概念跑车——"氢程",虽然"氢程"尚处于概念车的阶段,而且还不具备量产的前提,但在核心技术的依托下,相信很快就会有实车展现在我们面前。

长安"氢程"直接以压缩氢气为燃料,其氢内燃机的动力性达到同等排量的汽油机水平,效率上还比同排量的汽油机高30%以上,CO、CO_2等传统有毒废气和温室气体排放几乎为零,氮氧化合物排放可以控制在超低的范围之内,完全可实现超低排放并具有良好的低温启动性。而且,"氢程"在一次性加足燃料的情况下,巡航距离可达230km以上。

5.**生物乙醇汽车** 乙醇俗称酒精,用乙醇代替石油燃料的活动历史已经很长,在生产上和应用上的技术都已经很成熟,近来由于石油资源紧张,汽车能源多元化趋向加剧,乙醇汽车也被提上议事日程。目前世界上已有40多个国家在不同程度上应用乙醇汽车,有的已达到较大规模的推广,乙醇汽车的地位日益提升。

燃料乙醇可以增加汽油的含氧量,使其燃烧更充分,减少排放,用这种可再生能源部分替代成品油,不仅有助于缓解日益增长的成品油需求,还可以使汽车尾气中一氧化碳排放量下降30%以上,碳氢化合物排放量下降10%以上。目前,世界各国都加大了发展生物乙醇汽车的力度。美国国会于2005年8月通过的能源法案,要求2012年燃料乙醇用量达到2271万吨。截至2009年,美国已经再新建了71个加工厂,新增产能为2114万吨/年,另外68个加工厂也进行了扩建,新增产能1709万吨/年,2009年美国乙醇总产能已经达到8585万吨/年,预计2012年将增至2725.5万吨/年。根据美国环保署数据显示,2012年汽车用油中的乙醇含量会达到2385万吨。美国能源部则于2007年5月提出了更高的要求：乙醇替代率在2030年达到30%。

2009年在上海车展亮相的莲花Exige 270E跑车，使用了莲花全新开发的生物燃料的发动机。这台具有优异的环保性能的全新四缸引擎，可以使用甲醇、生物乙醇和汽油燃料三种燃料驱动，由于甲醇和生物乙醇中都含有大量的酒精，因此没有汽油机的污染。更重要的是，生物燃料引擎并没有牺牲Exige 270E的动力性能，Exige 270E的1.8升引擎，在机械增压器的助力下，可以达到将近200千瓦功率，255公里/小时的最高时速和3.88秒的百公里加速时间。这使它成为莲花有史以来开发的动力最强的街道版赛车，这也是该车名称中出现270的原因。

十、探索还在继续

自汽车诞生以来，人类就在不断对其进行改造，石油危机、环境污染、不可再生资源越来越少等形势的出现增加了人们探索替代能源的动力。目前，新能源汽车的动力来源已不仅仅局限于电能、氢能等已被大家熟悉的新能源，太阳能汽车、风能汽车和空气动力汽车等更低碳环保的汽车正处于尝试中，相信不久的将来将会面世。其中，太阳能作为汽车动力的巨大潜力已为汽车行业广泛看好，目前已经出现了一些太阳能汽车产品，虽然现在还不具备量产的条件，但已经离我们不远了，已有许多厂家正把它向实用化进程快速推进。

1. "太阳能+风能"双动力汽车　　2006年巴黎车展上，世界著名公司Venturi展出了一款

Venturi Eclectic

"自驱式"电动车：Venturi Eclectic。这辆不需要任何燃料的小车自称实现了"能量自治"，不需燃料，她的动力全部来自于一台16千瓦的小型电力发动机，在阳光灿烂的日子里，这台发动机由车顶篷上2.5平方米的太阳能电池板提供电能，在太阳"大罢工"的情况下她运用风能为电池充电，汽油，对她来讲，简直是一种污染。

设计师萨夏 莱基克这样描述这款车："一台集现代、自给自足与智慧于一身的汽车。"

2. 空气动力汽车 在2009年日内瓦车展上亮相的法国MDI公司生产的AirPod是典型的空气动力汽车。这是一款绝对袖珍的汽车，三维分别只有：长度2.07米，宽度1.6米，高度1.74米。其最小转弯直径为3.8米。它身躯超小，可以驾驶其自由地进入公园，但它却拥有一个可观的内部空间，足以坐下三位成年人。

AirPod的空气装置是如何驱动它的呢？其实是，175升的空气被压缩储存在一个气罐里，由内置的活塞再度施压，使空气压力值达到20帕，温度也同步提升到400摄氏度以上，趁活塞歇气儿的工夫，储气罐把新的空气挤入气缸，压缩空气反复通过自身的压缩和膨胀来推动活塞，相互作用，进而带动动力曲轴，成为引擎的动力源泉。AirPod做功全过程中，虽然经历高温，但并不燃烧，所以也就没有有害气体排放，完全能满足高至"欧X"版本的排放标准，这是一款真正呼吸新鲜空气，畅行于城市的环保小车。

3. 光电、风电转换汽车 上汽集团上海汽车技术研发中心研制的概念车"叶子"，集光电转换、风电转换和二氧化碳吸附转换等新能源转换技术于一身。

"叶子"以电能为主要动力来源，其技术核心是自然能源转换技术，包括光电转换技术、风电转换技术、二氧化碳吸附和转换技术。概念车车顶的一片巨型叶子是一部高效的光电转换器，可吸收太阳能并转化为电能；而阳光追踪系统，则可以使叶片上的太阳能晶体片随太阳照射方向而转动，提高光能吸收效率，并通过光合作用的原理产生化学能。"叶子"的四个车轮就是四个风力发电机,通过捕捉散逸的风能,将风能转变成电能,充入自身电池储存能源,形成辅助电驱动系统,最大限度拓展利用新能源。

通过二氧化碳吸附转换技术,"叶子"能实现从过去的单纯向外排放二氧化碳,转变为吸收、转化和利用二氧化碳的"负排放"。这个过程在一定程度上缓解了温室效应。"叶子"重新定义了汽车与自然环境的关系,汽车将成为自然循环中的一个环节,汽车与自然将是友好共存的关系。

4、太阳能休闲旅行车　　如果问你露营的经历,你很可能会说:到达目的地亲近自然的感觉确实很好,但是无奈路上时间太难熬了,很折磨人!现在好了,有一款太阳能休闲旅行车可供您选择,该车采用太阳能供能,沿途不用为加油烦心。近150千瓦的动力、7.5秒的百公里加速时间注定这款车是为野外假日休闲而定做的。该车所有的部件都能够自动撑起,形成一个户外遮阳的地方,供车主休息,度过美妙的时光。车顶是170瓦的太阳能系统,如果驾驶路程很长或是太阳光不是那么强烈,房车可利用一般的汽油来行驶到下一个目的地。太阳能板通过GPS系统来控制,两个方向可倾斜45度,两列电池组保存着所产生的电力。这是一辆所有人出外旅游的梦想车型,不知道何时才能实现量产。

新能源汽车的推广不仅是汽车厂家的事,更是全世界每个主体的事。从全球来说,各国要有"新能源汽车竞赛"的意识,在这种意识的推动下加大新能源汽车的研究、推广力度。国家主体是新能源汽车发展中发挥"保驾护航"作用的关键,一方面要强化宣传、政策鼓励等软环境建设,另一方面要统筹全社会的力量完善诸如充电站等硬件设施的建设。对于个人来说,在购车时尽可能选择新能源汽车是发展新能源汽车的根本动力!